公司股权纠纷
请求权基础与实务指南

杨喆 ◎ 著

山西出版传媒集团
山西经济出版社

图书在版编目（CIP）数据

公司股权纠纷请求权基础与实务指南/杨喆著.—太原：山西经济出版社，2022.5
ISBN 978－7－5577－0985－3

Ⅰ.①公… Ⅱ.①杨… Ⅲ.①公司—股权—经济纠纷—中国—指南 Ⅳ.①D922.291.91-62

中国版本图书馆 CIP 数据核字（2022）第 076003 号

公司股权纠纷请求权基础与实务指南

著　　者：	杨　喆
选题策划：	周维萍
责任编辑：	李春梅
助理责编：	梁灵均
装帧设计：	人文在线

出 版 者：	山西出版传媒集团·山西经济出版社
地　　址：	太原市建设南路 21 号
邮　　编：	030012
电　　话：	0351－4922133（市场部）
	0351－4922085（总编室）
E－mail：	scb@sxjjcb.com（市场部）
	zbs@sxjjcb.com（总编室）

经 销 者：	山西出版传媒集团·山西经济出版社
承 印 者：	三河市龙大印装有限公司

开　　本：	787mm×1092mm　1/16
印　　张：	18.25
字　　数：	269 千字
版　　次：	2022 年 8 月　第 1 版
印　　次：	2022 年 8 月　第 1 次印刷
书　　号：	ISBN 978－7－5577－0985－3
定　　价：	78.00 元

序

著名法学家王泽鉴曾说："读判决是最基本的任务,我大概每天都在读判决,不读判决的话,我不知道我能研究什么。写文章的话,如果没有判决的时候,我就不会写,我觉得那就等于空谈。"

笔者初入法律执业道路,从事有关公司、股权投资领域的法律服务。然,随着实践经历的不断增多,却发现没有一本专门的股权实务书籍着重从案由和请求权基础方面,帮助投资者、法律从业者阐述股权投资,从"法律事实"过渡到"法律适用"的司法实践问题。《中华人民共和国公司法》(以下简称《公司法》)共25个案由,每个案由其请求权基础及司法实践所认定的标准均不相同,各案由解决的案件问题重点也不一样,然而,却没有一本实务书籍告诉或指导当事人该选择何种案由和诉讼方案。

于是,编写一本书,帮助律师、投资者、法务选择最有利于当事人的诉讼策略及方案,帮助投资者尽可能地控制投资风险,成为笔者编撰本书的缘由。

本书共分十一个章节,以常见的公司案由为线索,每个章节主讲一个案由,基本涵盖公司出资、确认股东资格、股东知情权、股权转让、公司解散、公司清算等十一个常见公司股权类案由。在每个章节的编撰中,分为三个部分,第一部分主要是该案由的简介及请求权基础,第二部分介绍案由近三年来集中度较高的裁判纠纷类型,第三部分总结该案由实务中处理的审判实务。

其中,有关案由相关请求权的介绍,是本书的一大特色。熟悉笔者文章的读者会发现,笔者对案由是比较重视的。

引用某位法官的观点:"民事案由是民事诉讼案件的名称,反映了诉讼争议的具体民事法律关系的性质。案由的寻找和确定是当事人请求权基础的重要因素，如果案由选择错误，当事人将很难找到支持其诉讼请求的基础，甚至可能导致败诉的结果。当事人一旦选择了案件的案由，法院将组织、引导当事人在此基础上对案件展开审理。"因此，对于当事人的法律诉求，需要借助律师的经验和法律基础，将诉求设计到各种确定的案由中，再根据每个案由的请求权基础，组织证据和材料支持，最终达到帮助当事人实现法律诉求的终极目的。

因此，在本书中，笔者也会偏重对案由、诉求、法院支持和否定的情形等实务处理意见的阐述，帮助各位读者在《公司法》审判实践中，学会用法官的角度审理问题，解决矛盾和纠纷，从而提高法律纠纷化解的效率。

本书在编辑过程中，适逢我国类案裁判制度的普及，裁判文书的总结和分类汇编将发挥越来越多的预判和风险防范作用。

笔者在编辑此书过程中，经历了《中华人民共和国民法总则》（以下简称《民法总则》）、《全国法院民商事审判工作会议纪要》（以下简称《九民纪要》）、《中华人民共和国民法典》（以下简称《民法典》）的陆续颁布和出台，其中，有关《公司法》的相关法律适用也随之产生些许变化。为了最大限度地囊括现行有关《公司法》案例的有效法律适用，笔者一改再改，但时间、精力有限，难免挂一漏万。若读者在阅读过程中，发现法律适用不准确、案例分析有失偏颇，或针对某案例有更深入讨论的兴趣，欢迎批评指正。

最后，希望每一位本书的读者都能有所收获，哪怕仅有一个案例能够对你的案件实务解决有所启发，也是笔者所幸。

是为序。

杨喆

2021年3月15日于上海·静安

目 录

第一章 股东资格确认纠纷 1
  第一节 股东资格确认纠纷的请求权基础 2
    一、理论基础 2
    二、法律规范梳理 3
    三、实务诉讼请求 5
  第二节 股东资格确认纠纷的主要问题及实务指南 7
    一、股东资格的确认标准 7
    二、特殊行业股权代持合同的效力 10
    三、员工持股中的股东资格认定 12
    四、股东资格确认纠纷中对出资行为的认定 14
    五、否定股东资格之诉的认定条件 17
  第三节 总 结 18

第二章 股东出资纠纷 19
  第一节 股东出资纠纷的请求权基础 20
    一、理论基础 20
    二、法律规范梳理 21

　　　　三、实务诉讼请求 25
　　第二节　股东出资纠纷的主要问题及实务指南 27
　　　　一、虚假出资、抽逃出资的司法认定 28
　　　　二、房屋、土地使用权出资入股的条件 30
　　　　三、技术出资的合法性认定 33
　　　　四、以债权出资——债转股合法有效的条件 37
　　　　五、以其他公司股权进行出资的合法性认定 40
　　　　六、其他股东出资纠纷涉及问题 43
　　第三节　总　结 47

第三章　股东知情权纠纷 49
　　第一节　股东知情权纠纷的请求权基础 50
　　　　一、理论基础 50
　　　　二、法律规范梳理 51
　　　　三、实务诉讼请求 52
　　第二节　股东知情权纠纷的主要问题及实务指南 54
　　　　一、股东行使知情权可以要求查阅或复制的范围 54
　　　　二、公司能否拒绝股东行使知情权 55
　　　　三、股东行使股东知情权应注意的程序问题 58
　　第三节　总　结 60

第四章　公司证照返还纠纷 61
　　第一节　公司证照返还纠纷的请求权基础 62
　　　　一、理论基础 62
　　　　二、法律规范梳理 62
　　　　三、实务诉讼请求 64
　　第二节　公司证照返还纠纷的主要问题及实务指南 66
　　　　一、关于证照的保管主体问题 66

二、公司证照返还之诉的程序问题 69
　第三节　总　结 72

第五章　公司盈余分配纠纷 73
　第一节　公司盈余分配纠纷的请求权基础 74
　　一、理论基础 74
　　二、法律规范梳理 75
　　三、实务诉讼请求 77
　第二节　公司盈余分配纠纷的主要问题及实务指南 78
　　一、公司盈余分配纠纷的实质要件 78
　　二、公司盈余分配的程序要件 79
　　三、大股东滥用权利拒不分配的司法救济 81
　　四、关于公司盈余分配纠纷的其他问题 83
　第三节　总　结 87

第六章　股权转让纠纷 89
　第一节　股权转让纠纷的请求权基础 90
　　一、理论基础 90
　　二、法律规范梳理 91
　　三、实务诉讼请求 97
　第二节　股权转让纠纷的主要问题及实务指南 100
　　一、股权转让无效的问题 100
　　二、股权转让的可撤销问题 103
　　三、股权转让的解除问题 107
　　四、股权转让纠纷中的其他问题 112
　第三节　总　结 117

第七章 公司决议效力纠纷 119

第一节 公司决议效力纠纷的请求权基础 120
一、理论基础 120
二、法律规范梳理 120
三、实务诉讼请求 123

第二节 公司决议效力纠纷的主要问题及实务指南 125
一、公司决议效力之诉的诉讼时效 125
二、确认股东会决议无效的条件 126
三、确认股东会决议可撤销的条件 129
四、确认股东会决议不成立的条件 130

第三节 总 结 135

第八章 损害公司利益责任纠纷 137

第一节 损害公司利益责任纠纷的请求权基础 138
一、理论基础 138
二、法律规范梳理 138
三、实务诉讼请求 142

第二节 损害公司利益责任纠纷的主要问题及实务指南 144
一、公司直接诉讼 144
二、股东代表诉讼 145
三、损害公司利益的常见情形及实务指南 146

第三节 总 结 151

第九章 损害公司债权人利益责任纠纷 153

第一节 损害公司债权人利益责任纠纷的请求权基础 154
一、理论基础 154
二、法律规范梳理 154
三、实务诉讼请求 158

第二节　损害公司债权人纠纷的主要问题及实务指南 161
　　一、违法清算损害公司债权人的问题 161
　　二、因出资瑕疵而损害债权人利益的问题 164
　　三、因减资程序不合法损害债权人利益的问题 165
　　四、法人人格否认：股东滥用股东有限责任制度损害
　　　　公司债权人的问题 167
第三节　总　结 173

第十章　公司解散纠纷 175
第一节　公司解散纠纷的请求权基础 176
　　一、理论基础 176
　　二、法律规范梳理 177
　　三、实务诉讼请求 180
第二节　公司解散纠纷的主要问题及实务指南 181
　　一、公司解散条件的认定标准 181
　　二、法院判决强制解散的条件 183
　　三、无法证明已经穷尽内部救济的，法院不支持公司
　　　　解散 185
第三节　总　结 189

第十一章　公司强制清算责任纠纷 191
第一节　公司强制清算责任纠纷的请求权基础 192
　　一、理论基础 192
　　二、法律规范梳理 193
　　三、实务诉讼请求 197
第二节　公司强制清算责任纠纷的主要问题及实务指南 199
　　一、未经依法清算导致股东被追究法律责任的主要情形 199
　　二、股东怠于履行清算责任，与债权人要求赔偿的诉讼

时效的关系 202
　　三、公司股东避免承担清算责任的两大情形 205
　第三节　总　结 208

附　录 209
　中华人民共和国公司法（2018年） 210
　最高人民法院关于适用《中华人民共和国公司法》
　　若干问题的规定（一） 257
　最高人民法院关于适用《中华人民共和国公司法》
　　若干问题的规定（二） 259
　最高人民法院关于适用《中华人民共和国公司法》
　　若干问题的规定（三） 266
　最高人民法院关于适用《中华人民共和国公司法》
　　若干问题的规定（四） 274
　最高人民法院关于适用《中华人民共和国公司法》
　　若干问题的规定（五） 281

第一章
股东资格确认纠纷

"股东资格是股东行使一切权利的基础,谋求股东权利的人,第一步就是要确认股东资格;而否定股东义务的人,第一步就是要否认股东资格。"

第一节　股东资格确认纠纷的请求权基础

一、理论基础

股东资格确认纠纷是股东纠纷中一种常见的情形，其产生的原因往往是股东之间由于出资不规范、代持、委托、托管等法律关系而导致公司实际股东与名义股东不一致。股东资格确认纠纷最终目的是对某人股东资格的确认或者对某人股东资格的否定。可以说，股东资格确认之诉是股东行使权利的基础，是股东权利得以实现最基本的前提。

由于股东身份的确认，对外代表工商登记的公示性，对内代表对股东的权利义务，法院对股东身份的重新确认实行较为严格的审判标准，审判时的思路主要是通过结合股权确认的实质要件和形式要件来确认实际股东的身份。同时，又由于公司性质的不同而产生判决结果的差异，即有些确认可以变更股东登记，有些却不允许。

在较为重视"人合性"的有限责任公司当中，即便法官能确认实际股东"确为他人"，但由于未能取得其他股东过半数同意，法院也不能通过司法强制判决该股东"显名"，即变更工商登记，只能确认投资权益和义务归属。

二、法律规范梳理

1.《中华人民共和国公司法》（2018年）

第三十一条　有限责任公司成立后，应当向股东签发出资证明书。

出资证明书应当载明下列事项：

（一）公司名称；

（二）公司成立日期；

（三）公司注册资本；

（四）股东的姓名或者名称、缴纳的出资额和出资日期；

（五）出资证明书的编号和核发日期。

出资证明书由公司盖章。

第三十二条　有限责任公司应当置备股东名册，记载下列事项：

（一）股东的姓名或者名称及住所；

（二）股东的出资额；

（三）出资证明书编号。

记载于股东名册的股东，可以依股东名册主张行使股东权利。

公司应当将股东的姓名或者名称向公司登记机关登记；登记事项发生变更的，应当办理变更登记。未经登记或者变更登记的，不得对抗第三人。

2.《最高人民法院关于适用〈中华人民共和国公司法〉若干问题的规定（三）》（2020年）

第二十一条　当事人向人民法院起诉请求确认其股东资格的，应当以公司为被告，与案件争议股权有利害关系的人作为第三人参加诉讼。

第二十二条　当事人之间对股权归属发生争议，一方请求人民法院确认其享有股权的，应当证明以下事实之一：

（一）已经依法向公司出资或者认缴出资，且不违反法律法规强制性规定；

（二）已经受让或者以其他形式继受公司股权，且不违反法律法规强制性规定。

第二十四条　有限责任公司的实际出资人与名义出资人订立合同，约定由实际出资人出资并享有投资权益，以名义出资人为名义股东，实际出资人与名义股东对该合同效力发生争议的，如无合同法第五十二条规定的情形，人民法院应当认定该合同有效。

前款规定的实际出资人与名义股东因投资权益的归属发生争议，实际出资人以其实际履行了出资义务为由向名义股东主张权利的，人民法院应予支持。名义股东以公司股东名册记载、公司登记机关登记为由否认实际出资人权利的，人民法院不予支持。

实际出资人未经公司其他股东半数以上同意，请求公司变更股东、签发出资证明书、记载于股东名册、记载于公司章程并办理公司登记机关登记的，人民法院不予支持。

第二十八条　冒用他人名义出资并将该他人作为股东在公司登记机关登记的，冒名登记行为人应当承担相应责任；公司、其他股东或者公司债权人以未履行出资义务为由，请求被冒名登记为股东的承担补足出资责任或者对公司债务不能清偿部分的赔偿责任的，人民法院不予支持。

3.《中华人民共和国公司登记管理条例》(2016年)

第三十四条　有限责任公司变更股东的，应当自变更之日起30日内申请变更登记，并应当提交新股东的主体资格证明或者自然人身份证明。

有限责任公司的自然人股东死亡后，其合法继承人继承股东资格的，公司应当依照前款规定申请变更登记。

有限责任公司的股东或者股份有限公司的发起人改变姓名或者名称的，应当自改变姓名或者名称之日起30日内申请变更登记。

4.《中华人民共和国民法总则》(2017.10)

【实际情况与登记事项不一致的法律后果】第六十五条　法人的实际情况与登记的事项不一致的，不得对抗善意相对人。

5.《全国法院民商事审判工作会议纪要》(2019.11)

【实际出资人显名的条件】实际出资人能够提供证据证明有限责任公司过半数的其他股东知道其实际出资的事实，且对其实际行使股东权利未曾提出异议的，对实际出资人提出的登记为公司股东的请求，人民法院依法予以支持。公司以实际出资人的请求不符合公司法司法解释（三）第24条的规定为由抗辩的，人民法院不予支持。

6.《中华人民共和国民法典》(2021.1.1)

第六十五条 法人的实际情况与登记的事项不一致的，不得对抗善意相对人。

三、实务诉讼请求

股东资格确认纠纷的目的在于确认实际股东身份，或确认工商登记股东并非实际股东。在明确了股东资格确认的请求权基础后，则需要对诉请进一步明确，以方便法官在一个案件中有针对性地对请求权基础相关的诉请一并作出判决。

笔者通过检索大量司法判例，大多数情况下，法院判决支持确认实际股东身份时，一般会一并写明判令公司将某某名下股权配合变更至原告名下。但也有少部分法院，仅仅判决确认某某享有公司百分之多少的股权，并驳回要求公司配合变更登记等其他诉求。因此，对于此类情形，需要再行启动请求公司变更登记之诉，要求予以变更登记。因此，笔者建议在诉请中，尽可能多写明需要哪些主体配合变更的诉求，如法院拒绝对其他事项做出判决，或认为不属于民事诉讼审判范围，可再另行起诉，以免增加当事人的诉讼负担。

司法判例中，股东资格确认之诉法院判决列举：

1. 支持类：确认享有股东资格

法院判决结果如下：一是确认原告持有某某公司 2% 的股权。二是某某公司应于判决生效之日起十日内办理将江某某名下所持某某公司股权中的 1.25% 部分变更至袁某某名下的工商登记手续，江某某应予以配合。三是某某公司应于判决生效之日起十日内办理将郭某某名下所持某某公司股权中的 0.75% 部分变更至袁某某名下的工商登记手续，郭某某应予以配合。

法院判决结果如下：一是确认原告为北京某某公司的股东（出资额为 55.42 万元，占北京某某公司注册资本的 0.2578%）。二是北京某某公司于判决生效之日起十日内将原告的股东身份记载于北京某某公司股东名册。三是北京某某公司于判决生效之日起十日内为原告签发出资证明书（出资额为 55.42 万元）。四是驳回原告的其他诉讼请求。

法院判决结果如下：确认原告为被告某某公司的股东，第三人某某公司名下被告某某公司的 51% 的股权（对应出资额 25.5 万元）归原告所有。

2. 否定类：确认不具备股东资格

法院判决结果如下：原告某某不具备某某公司的股东资格。

法院判决结果如下：一是驳回原告的诉讼请求。二是案件受理费 80 元（原告已预交），由原告承担。

法院判决结果如下：一是被告江某某所继承的江世某所持有的被告某某公司 8% 的股权的实际出资人为原告魏某某。二是驳回原告的其他诉讼请求。

法院判决结果如下：一是葛某在某某公司所持 2.975% 的股权归原告所有。二是驳回原告其他诉讼请求。

第二节　股东资格确认纠纷的主要问题及实务指南

一、股东资格的确认标准

《公司法司法解释（三）》第二十二条规定："当事人之间对股权归属发生争议，一方请求人民法院确认其享有股权的，应当证明以下事实之一：

（一）已经依法向公司出资或者认缴出资，且不违反法律法规强制性规定；

（二）已经受让或者以其他形式继受公司股权，且不违反法律法规强制性规定。"

因此，主张享有股东资格的一方，应当举证证明：一是已依法向公司出资或认缴出资，二是已经受让或通过其他形式继受公司股权。其中，向公司出资的意思需要通过是否有公司章程、是否有股东名册或出资证明书、是否工商登记等，来确认当事人是否有成为股东的真实意思。如果以受让或其他形式继受股权则须根据相关协议、继承等法律事实来确认。

1. 实质要件

以出资为取得股东资格的必要条件，主张享有股东资格的投资人，须举证证明已经依照《公司法》的规定，按期认缴了公司章程约定的出资额。

2. 形式要件

形式要件即出资的记载和证明，是实质要件的外在表现形式，如公司颁发的股东出资证明书、公司章程、股东名册、工商登记。

当实质要件和形式要件不一致时，也就出现了名义股东和实际出资人的分离，那就需要结合实质要件和形式要件来综合判断，并且要根据产生纠纷是否涉及公司之外的他人利益而平衡法律所保护的"各方利益"。

情形一：仅涉及公司内部股权份额的股东资格的确认。

若股东资格的确认仅涉及公司内部的股东之间，那么股东可依据股东名册或有关股东协议确认股东资格，公司则根据股东之间协议记载、识别股东资格，并可仅向具有股东资格的人员通知召开股东会、分配利润等。实际股东与名义股东之间有关"代持约定"若无公司同意，仅在约定人之间有效，不能要求公司予以配合。根据《公司法司法解释（三）》第二十四条，即便股东资格身份得以确认，但如果没有征得其他股东过半数同意，法院判决也会仅判决确认某某为该公司股东，但不支持变更工商登记。

情形二：涉及股东与公司外部第三人的股东资格的确认。

当涉及外部债权人时，股东资格的确认应当坚持外观主义，若发生公司工商登记与实际权利情况不一致，应当优先保护善意第三人因合理信赖而产生的信赖利益，优先保护交易安全。除非系冒名登记之情形，法律不予保护对冒名登记股东的信赖利益。

3. 不违反法律法规的强制性规定

随着我国公司资本从实缴制到认缴制的放开，我国针对外商投资的公司设立，也逐渐形成了负面清单管理的备案制与核准制相结合的审核制度。针对外商投资公司中，外商股东资格的确认，除了考虑上述所述的实质要件和形式要见外，还需审核该外资股东身份的确认是否存在外商投资登记备案的障碍。

（1）对于公司经营范围中不存在外资限制准入的，应当支持支持外资股东办理工商登记为显名股东。

上海市宝山区人民法院审理的彭某与上海庆某公司股东资格确认纠纷案【〔2012〕宝民二（商）初字第 S1683 号】认为：虽然原告彭某系台湾人，但本院在征得有权机关相应意见后可以确认，被告庆某公司从事的经营范围中不存在我国法律法规禁止或限制外资准入事项，再加上显名股东均非实际投资人，故原告彭某要求确认其享有被告庆某公司33%的股权的诉讼请求，本院可予支持。由于上述确权，导致被告庆某公司的公司类型、股东产生变动，被告庆某公司和作为显名股东的第三人汪修某、汪荣某当然负有及时履行办理相应股东变更登记的报批义务。

（2）实际投资者请求确认在外商投资企业中的股东身份须符合以下条件：投资者已经实际投资，名义股东以外的其他股东予以认可，诉讼期间已征得外商投资审批机关同意。

上海市第二中级人民法院审理的上海年某公司、何某与林某股东资格确认纠纷案【〔2015〕沪二终民商终字第S1698号】认为：《最高人民法院关于审理外商投资企业纠纷案件若干问题的规定（一）》第十四条规定："当事人之间约定一方实际投资、另一方作为外商投资企业名义股东，实际投资者请求确认其在外商投资企业中的股东身份或者请求变更外商投资企业股东的，人民法院不予支持。同时具备以下条件的除外：一是实际投资者已经实际投资；二是名义股东以外的其他股东认可实际投资者的股东身份；三是人民法院或当事人在诉讼期间就将实际投资者变更为股东征得了外商投资企业审批机关的同意。"本案中，因林某系台湾人，若一审法院认定林某系年某公司股东，则必然涉及年某公司企业性质的变更，由一人有限责任公司变更为中外合资企业，故林某若欲成为年某公司股东，则必须符合上述规定中的三个条件。具体分析如下：首先，林某主张已经履行出资义务，合作协议中双方对于林某出资165000元、占投资总额的50%的事实予以确认，故林某已经实际向年某公司出资。其次，年某公司的登记股东仅为何某某一人，双方也未提供证据证明存在其他股东，故本案中不存在需要其他股东认可林某的股东身份。最后，一审法院就林某变更为年某公司股东的限制及经营范围问题向有关机关征询意见。上海市青浦区经济委员会向一审法院出具复函，明确：所涉企业从事的经营范围中不存在我国法律法规禁止或限制外资准入事项。故一审法院就林某变更为年某公司股东事宜已经征得上海市青浦区经济委员会的同意。综上，一审法院对林某要求确认其享有年某公司50%股权的诉讼请求予以支持。由于上述确权，导致年某公司的公司类型、股东产生变动,年某公司和作为显名股东的何某某当然负有及时履行办理相应股东变更登记的报批义务。

二、特殊行业股权代持合同的效力

《最高人民法院关于适用〈中华人民共和国公司法〉若干问题的规定(三)》第二十四条,是《公司法》层面以法律形式认可的名义股东与实际股东之间权利义务的法律规范,其意义在于,确定并理顺了名义股东和实际股东之间的法律关系,包括:

(1)在法律上,认定有限责任公司名义股东和实际股东之间的代持股关系,合法有效。

(2)实际股东享有的投资权益应当支持,名义股东不得否认。

(3)实际股东要求变更工商登记的,未经其他股东过半数同意,不予支持。

通俗来讲,也就是把代持法律关系分为了《合同法》层面和《公司法》层面两个角度。在《合同法》层面上,如无法律规定无效情形的,尊重当事人意思自治原则,合同有效。

但同时考虑到《公司法》层面,有限责任公司兼具人合性特征,即股东之间基于互相信任而组成公司组织体,因此,如有新成员加入成为股东,应比照股权转让流程,须其他股东过半数同意。因此,实际投资人是否能取得名义股东资格是需要征得其他股东同意的。

特别针对上市公司股权代持的特殊法律关系及效力方面,自"杉某诉龚某案"一案判决以来,目前司法界普遍亦认可了上市公司股权代持法律关系的效力否定说。基本依据就是上市公司股权代持违反了《中华人民共和国证券法》的基本原则,进而导致上市公司股权不清晰,影响金融秩序稳定以及公共利益,违反公序良俗原则。

但代持法律关系无效,并未认定实际股东和名义股东之间的委托法律关系无效，实际股东可以基于委托的事实要求分割委托投资的收益。《中华人民共和国合同法》（以下简称《合同法》）规定，委托合同是委托人和受托人约定，由受托人处理委托人实务，并有权要求委托人支付报酬的法律关系。委托合同关系为诺成合同、不要式合同，即只要委托人与受托人达成意思表示一致即可。

因此，基于委托合同关系，委托人有权要求受托人按照委托人意思妥善处理事务，且受托人处理委托事务取得的财产，应当转交给委托人。在股权代持法律关系中，虽然股权代持中要求恢复名义股东的身份因为违反法律规定不能被支持，但代持行为有效，实际投资人可以依据委托合同法律关系，要求实际受托处理事务的受托人按照委托人的要求处理事务并享有投资收益。

1. 发行人股份隐名代持，扰乱了证券市场的公共秩序，损害了公共利益

上海市金融法院审理的杉某诉龚某案【〔2018〕沪74民初585号】认为：发行人应当如实披露股份权属情况，禁止隐名代持情形，不得违反公共秩序。本案中，龚某代杉某持有股份，隐瞒了实际投资人的真实身份，在软件公司对外披露事项中，龚某名列前十大流通股股东，双方的行为构成了发行人股份隐名代持，扰乱了证券市场的公共秩序，损害了公共利益，故依据《合同法》第五十二条第四项的规定，应认定为无效。

2. 保险行业投资人若存在隐名代持行为，将危及金融秩序和社会稳定，代持行为无效

最高人民法院审理的伟某公司诉天某公司案【〔2017〕最高法民终529号】认为：从代持保险公司股权的危害后果来看，允许隐名持有保险公司股权，将使真正的保险公司投资人游离于国家监管之外，加大保险公司的经营风险，妨碍行业的有序发展。保险行业涉及被保险人的切身利益，保险公司的经营风险将危及金融秩序和社会稳定，进而损害社会公共利益。《合同法》

第五十二条规定,"有下列情形之一的,合同无效:(四)损害社会公共利益",故《信托持股协议》应认定为无效。

三、员工持股中的股东资格认定

股权激励作为现代企业吸引珍贵人力资源、降低企业成本的一项创新,对企业、股东、创业团队的合作和创富可谓一举多得。创业公司发展早期,资金较为紧张,而资金不足带来最大的一个问题,就是优秀人才的吸引力降低或人才流失。为了解决这个问题,公司发起人股东设立股权激励池,分批将股权或期权授予员工,以期员工以股东的"主人翁"意识与公司共谋发展,以暂时阶段的薪资打折换取未来公司上市的股权溢价分享。

笔者接触的一些因员工股权或期权分配导致的股东资格纠纷中,首要解决的就是员工是否到了行权的时候,或是否到了股权转让的生效条件。如果符合该条件,那么员工可以依据协议要求公司确认股东资格并进行工商登记。然而,很多情形下,我们看到的员工期权授予协议或股权激励计划方案,员工都未满足股权授予的条件即行权条件,较为遗憾。

究其原因,可能是员工当初入职匆忙,并未仔细研读公司发放的 offer(录取通知)里提到的公司期权授予条件,如下文案例中的"王某与上海某医某公司股东资格确认纠纷",授予他的是目标公司在开曼注册的有限公司的股权,而他却要求成为上海某医某公司股东,显然法院是不会支持该诉求的。但如果当时他请专业人士审核了相关协议,笔者作为律师会建议:若届时依据中国相关法律法规无法变更王某为目标公司股东,股权授予方承诺由大股东某某转让王某不低于上述股权市值的上海某医某公司股权或同等价值现金,作为无法实现本合同目的之补偿。

1.股东资格的取得应以明确的书面协议并办理工商登记为准,员工股权激励尚未实施的不认定其具有股东资格

由于股权激励往往是一个过程,从设立目标,到赋予期权、股权或行权利益,因此,仅有激励方案或协议,不能证明自己已达到激励标准或行权条件的,亦不能要求确认股东资格。上海市青浦区人民法院审理的赵某与上海某数字公司股东资格确认纠纷案【〔2018〕沪0118民初6390号】认为:从QQ聊天记录来看,原告与第三人确曾在被告设立前,就原告就职后的工资待遇等事项进行洽谈。但从洽谈内容来看,"期权"作为一种期待利益,并非等同于"股权"。且第三人明确表示,将与其他投资人商量后,由专家出期权配比方案。原告提供的证据仅能证明第三人曾许诺在一定条件下赠与其期权,但之后并未形成具体赠与方案,亦未明确将期权转化为股权,不能证明第三人与原告已达成赠与11.54%股权的合意,亦不能证明相应股权已发生转让。

2.股权激励的客体应以《股权激励计划》中的目标公司为准,仅以劳动关系主张享有股权激励股权的,法院不予认可

股权激励是一项针对股权财产性质的协议,因此,应当以书面的《股权激励计划》或相关明确股权授予协议来主张股东资格,不能以劳动合同等其他法律关系来主张股东资格的确认。例如,上海市第一中级人民法院审理的王某与上海某医某公司股东资格确认纠纷案【〔2019〕沪01民终8060号】认为:从王某、某上海公司及案外人某某有限公司签订的一系列文件看,无论是《聘用意向书》、2008年和2012年的两份《股权激励计划》,还是《顾问协议》,授予王某股票期权的并不是上海某医某公司,而是注册在开曼群岛的某某有限公司,授予的标的也是某某有限公司的股票期权,现王某以与上海某医某公司之间存在劳动关系为由,主张享有上海某医某公司的股权,难以支持。

3. 员工股并非公司股份，因违反劳动合同而被解除雇员资格的，员工股资格不予支持

股东资格的取得并非是无限制的，尤其是针对员工股的性质，我国法律倾向是认为赠与或授予的员工股从性质上并非完全等同于公司股权。因此，获取员工股的员工，若无支付对价，其应当遵守关于员工股的相关约束，如竞业限制、不得损害公司利益等，否则公司有权要求回收或强制转让该部分股权。当然，这一程序也比较复杂，对价的公允、转让的具体流程、优先购买权是否豁免等均要考虑。

上海市浦东新区人民法院审理的李某与上海某生物公司股东资格确认纠纷案【〔2016〕沪0115民初31190号】认为：原告通过提供虚假个人资料在2014年12月5日取得了被告处医学总监的工作，因其存在欺诈行为，被告于2015年1月12日解除了与原告的劳动合同关系。员工股份并非公司股份，且原告取得员工股份系入职时被告的赠与，并非支付对价获得。无论原告现在是否仍持有该员工股份，原告均不能据此要求确认享有被告的股东资格。原告无证据证明其系被告的股东，其诉请无法获得支持。

四、股东资格确认纠纷中对出资行为的认定

在没有任何约定的情形下，个人与公司之间的打款行为到底应当认定为投资还是借贷？投资人如何主张返还投资款或借款？是不是认定为投资款就难以得到返还？

正如一千个人眼中有一千个哈姆雷特，打款行为如何认定在实践中也很复杂。《最高人民法院关于民事诉讼证据的若干规定》第五十三条规定："诉讼过程中，当事人主张的法律关系性质或者民事行为效力与人民法院根据案件事实作出的认定不一致的，人民法院应当将法律关系性质或者民事行为效力作为焦点问题进行审理。但法律关系性质对裁判理由及结果没有影响，或者有关问题已经当事人充分辩论的除外。"

有些当事人打款后多年若看见公司盈利颇丰，就要求兑现股权和红利；而一看见公司经营不善，就认定是借贷行为，要求公司或股东还钱。纠纷的产生，其根本是利益差距不能调和，而法院如何审理确认投资关系还是借贷关系则依据双方的真实意思。

1. 仅提供打款记录，不能证明已经达成股权投资合意的，不能认定其具有股东资格

如第一部分理论综述中所述，股东资格的确认条件之一即证明股东有向公司出资或认缴出资的合意，而出资的合意如何证明？仅有打款行为可以证明出资吗？

笔者认为，出资的合意除了有当事人一方的口述外，还应结合是否签署相关出资协议、是否有成为股东的意愿、是否参与公司管理等行为综合判断，如仅通过"过账""结算款"等方式打款，不能证明具备出资合意。

例如，上海市第一中级人民法院审理的刘某诉上海某广告公司股东资格确认纠纷案【〔2018〕沪01民终14523号】认为：没有证据证明张某与刘某就股权转让达成合意，刘某转账支付72504.26元的摘要注明"结算2014年-1""结算2014年-2"，并非股权转让款，不能认定系刘某支付给张某的股权转让款，故刘某主张其已受让了张某所持公司股权，没有事实依据，应不予采信。

2. 出资意思除了与公司达成协议外，还应当证明得到其他股东的知晓和认可

出资的合意，除了股东与公司之间就何时出资、出资形式、出资金额达成合意外，还应当包括股东之间就如何出资达成合意。换句话说，如果当事人举证自己应当具备股东资格，还应当证明其出资的意思亦得到了其他股东的认可。

例如，上海市第一中级人民法院审理的周某诉金某股东资格确认纠纷案【〔2018〕沪01民终13036号】认为：从本案所涉相关协议的内容来看，依据 2016 年 7 月 22 日夏某与周某的合同以及 2017 年 9 月 1 日夏某与金某的合同，夏某始终是作为百某公司的实际所有人而享有经营管理和股权收益等权利，并因此有权确定和解除名义股东。2016 年 7 月 20 日金某与周某的股权转让协议之所以并未支付股权转让款，实则该协议的性质并非周某从金某处受让股权，而系代替金某持有夏某的投资权益。综上，可以认为夏某系公司的实际投资人。

例如，上海市第一中级人民法院审理的刘某股东资格确认纠纷案【〔2018〕沪 01 民终 12008 号】认为：原告并未提供其与第三人胡某某签订有关隐名投资约定的任何协议，从邮件的内容来看，只是各方对于设立被告的相关事宜进行沟通，并不涉及由第三人胡某某代原告持有被告 60% 股权的内容，故本院对原告上述电子邮件要证明原告为被告实际出资人难以采信。2011 年 2 月 24 日的 50 万元，与被告设立时第三人胡某某出资 30 万元在金额上并不吻合。2012 年 12 月 28 日的 270 万元，系吴某某向第三人胡某某转账打款，原告也无证据证明该 270 万元是原告所有。按照《最高人民法院关于适用〈中华人民共和国公司法〉若干问题的规定（三）》的规定，实际出资人要求确认股东资格，必须符合以下条件：第一，实际出资人与名义股东存在隐名投资的约定；第二，实际出资人已经实际投资。综上，原告的证据不足以证明其在被告成立时即为被告的实际出资人。

因此，建议如果投资标的确系比较优质的股权，建议投资人签署股权投资协议，明确投资标的、价格、股权登记时间、违约条款等，再进行投资打款行为。投资后，应当及时履行股东权利，如参与经营、知情权、红利分配权、决策建议权等，以实际行动参与公司的经营和决策中。

若对投资标的前景不明确，建议直接签署借贷合同，并注意诉讼时效及时进行催收。合同中应当约定借款履行期限、担保方式、借款利息、偿还方式等，以方便违约时进行处置。

五、否定股东资格之诉的认定条件

《公司法司法解释（三）》第二十八条规定："冒用他人名义出资并将该他人作为股东在公司登记机关登记的，冒名登记行为人应当承担相应责任；公司、其他股东或者公司债权人以未履行出资义务为由，请求被冒名登记为股东的承担补足出资责任或者对公司债务不能清偿部分的赔偿责任的，人民法院不予支持。"

在大量的工商登记实践中，登记机关往往并不要求股东本人到场，因此大量存在着代办公司注册的机构人员代股东签名的情形。在处理涉及外部债权人的纠纷中，如果仅依据登记股东并非自己本人签字，法官甚至都不会允许申请人通过司法鉴定来辨明签名的真假。在涉及外部第三人的股东资格确认情形时，应当以公示信息为准，即使外部登记与实际权利不一致，应优先保护外部善意第三人因信赖登记信息而做出的行为效力。

例如，上海市第一中级人民法院审理的林某诉上海某公司股东资格确认纠纷案【〔2016〕沪01民终13008号】认为：工商登记股东签字虽然不是股东本人，但无法排除林某授权郑某代为办理公司设立手续的可能性。考虑到本案关键在于保护公司债权人利益，公司欠债的交易对象信赖此等公示信息而与公司交易，不易轻易否定公司登记股东身份。

由于本案系外部债权人起诉产生，司法审核林某的股东身份应侧重于保护公司债权人利益。公司对外登记的股东信息具有公示效力，公司潜在的交易对象信赖此等公示信息而与公司进行交易，也应维护公示信息的权威性，不应轻易否定。本案中虽无证据证明、公司在设立过程中股东亲自参与，但股东也认可曾将身份证交他人使用，故不能因无其亲笔签名的文件而否认其股东资格，保护外部债权人信赖利益，这一点尤其重要。

第三节 总 结

股东资格的确认关系到股东权利的行使，股东义务的履行，也是股东相关纠纷中法院首先要解决的问题。总结起来，股东资格的确认应当满足形式要件和实质要件，股东名册、工商登记、出席股东大会等经营性行为符合股东资格确认的形式要件，而履行出资义务则构成股东资格确认的实质。

实践的多样性远超过法律制定者的预期，因此，建议各位股东坚持以下几个原则：

第一，尽量不要选择股权代持模式，物权的公示性和对抗性可能导致名义股东将股权转让给善意第三人，而实际股东只能索要"合同之债"。

第二，股权代持时，请务必在公司内部和其他股东形成一致同意的意见，允许在一定条件内恢复"股东资格"，并设置相应的制约条款，监督名义股东行使相关权利。

第三，如发现股东资格被他人冒名设立、转让或设置其他权利负担，请及时维权，避免因时间过长而导致股权无法恢复。

第二章
股东出资纠纷

"股东出资的多样性和复杂性是经济飞速发展的必然，出资纠纷的诉讼不断增多提醒股东：既要利用好认缴制下的出资期限利益，也要重视合法出资，避免公司债务穿透有限责任制度，影响股东个人。"

第一节　股东出资纠纷的请求权基础

一、理论基础

股东出资义务，即股东应当依法足额缴纳对公司资本的认缴出资额的义务，并维持该出资金额不变，该义务是股东最根本的义务。

《公司法》强调公司资本"三原则"，即资本确定、资本维持和资本不变，《公司法》及其司法解释以法律形式严格规定了对于公司股东出资的要求，出资后对资本的使用，以及资本的处置。

股东出资纠纷不仅仅发生在出资阶段，而且贯穿于公司成立阶段、股权转让阶段、清算阶段等因股东出资问题，对公司债务、对外债权人承担的各项责任。其中，股东出资纠纷中最多的情形，即以《公司法司法解释（三）》第十二条规定的虚假出资、抽逃注册资本等为主的出资不实情形，如制作虚假财务会计报表虚增利润分配，虚构债权债务关系将出资转出，其他非法将出资抽回的行为等。

从目前的司法实务来看，一旦认定股东存在出资不实，则公司债权人、公司、股东均有权要求该出资股东在不实出资范围内，承担补足出资的义务，该类案件获得法院支持的比例较高。同时股东出资纠纷亦可追责与协助出资瑕疵的发起人、董事及高级管理人、明知出资有瑕疵的股权受让人等，切勿以为出资仅是股东的责任，这一点尤其要注意。

二、法律规范梳理

1.《中华人民共和国公司法》(2018年)

第二十七条 股东可以用货币出资，也可以用实物、知识产权、土地使用权等可以用货币估价并可以依法转让的非货币财产作价出资；但是，法律、行政法规规定不得作为出资的财产除外。

对作为出资的非货币财产应当评估作价，核实财产，不得高估或者低估作价。法律、行政法规对评估作价有规定的，从其规定。

第二十八条 股东应当按期足额缴纳公司章程中规定的各自所认缴的出资额。股东以货币出资的，应当将货币出资足额存入有限责任公司在银行开设的账户；以非货币财产出资的，应当依法办理其财产权的转移手续。

股东不按照前款规定缴纳出资的，除应当向公司足额缴纳外，还应当向已按期足额缴纳出资的股东承担违约责任。

第三十条 有限责任公司成立后，发现作为设立公司出资的非货币财产的实际价额显著低于公司章程所定价额的，应当由交付该出资的股东补足其差额；公司设立时的其他股东承担连带责任。

第三十五条 公司成立后，股东不得抽逃出资。

2.《最高人民法院关于适用〈中华人民共和国公司法〉若干问题的规定（三）》(2020年)

第八条 出资人以划拨土地使用权出资，或者以设定权利负担的土地使用权出资，公司、其他股东或者公司债权人主张认定出资人未履行出资义务的，人民法院应当责令当事人在指定的合理期间内办理土地变更手续或者解除权利负担；逾期未办理或者未解除的，人民法院应当认定出资人未依法全面履行出资义务。

第九条 出资人以非货币财产出资，未依法评估作价，公司、其他股东或者公司债权人请求认定出资人未履行出资义务的，人民法院应当委托具有合法资格的评估机构对该财产评估作价。评估确定的价额显著低于公司章程所定价额的，人民法院应当认定出资人未依法全面履行出资义务。

第十条 出资人以房屋、土地使用权或者需要办理权属登记的知识产权等财产出资，已经交付公司使用但未办理权属变更手续，公司、其他股东或者公司债权人主张认定出资人未履行出资义务的，人民法院应当责令当事人在指定的合理期间内办理权属变更手续；在前述期间内办理了权属变更手续的，人民法院应当认定其已经履行了出资义务；出资人主张自其实际交付财产给公司使用时享有相应股东权利的，人民法院应予支持。

出资人以前款规定的财产出资，已经办理权属变更手续但未交付给公司使用，公司或者其他股东主张其向公司交付、并在实际交付之前不享有相应股东权利的，人民法院应予支持。

第十一条 出资人以其他公司股权出资，符合下列条件的，人民法院应当认定出资人已履行出资义务：

（一）出资的股权由出资人合法持有并依法可以转让；

（二）出资的股权无权利瑕疵或者权利负担；

（三）出资人已履行关于股权转让的法定手续；

（四）出资的股权已依法进行了价值评估。

股权出资不符合前款第（一）、（二）、（三）项的规定，公司、其他股东或者公司债权人请求认定出资人未履行出资义务的，人民法院应当责令该出资人在指定的合理期间内采取补正措施，以符合上述条件；逾期未补正的，人民法院应当认定其未依法全面履行出资义务。

股权出资不符合本条第一款第（四）项的规定，公司、其他股东或者公司债权人请求认定出资人未履行出资义务的，人民法院应当按照本规定第九条的规定处理。

第十二条 公司成立后，公司、股东或者公司债权人以相关股东的行为符合下列情形之一且损害公司权益为由，请求认定该股东抽逃出资的，人民法院应予支持：

（一）制作虚假财务会计报表虚增利润进行分配；

（二）通过虚构债权债务关系将其出资转出；

（三）利用关联交易将出资转出；

（四）其他未经法定程序将出资抽回的行为。

第十三条　股东未履行或者未全面履行出资义务，公司或者其他股东请求其向公司依法全面履行出资义务的，人民法院应予支持。

公司债权人请求未履行或者未全面履行出资义务的股东在未出资本息范围内对公司债务不能清偿的部分承担补充赔偿责任的，人民法院应予支持；未履行或者未全面履行出资义务的股东已经承担上述责任，其他债权人提出相同请求的，人民法院不予支持。

股东在公司设立时未履行或者未全面履行出资义务，依照本条第一款或者第二款提起诉讼的原告，请求公司的发起人与被告股东承担连带责任的，人民法院应予支持；公司的发起人承担责任后，可以向被告股东追偿。

股东在公司增资时未履行或者未全面履行出资义务，依照本条第一款或者第二款提起诉讼的原告，请求未尽公司法第一百四十七条第一款规定的义务而使出资未缴足的董事、高级管理人员承担相应责任的，人民法院应予支持；董事、高级管理人员承担责任后，可以向被告股东追偿。

第十四条　股东抽逃出资，公司或者其他股东请求其向公司返还出资本息、协助抽逃出资的其他股东、董事、高级管理人员或者实际控制人对此承担连带责任的，人民法院应予支持。

公司债权人请求抽逃出资的股东在抽逃出资本息范围内对公司债务不能清偿的部分承担补充赔偿责任、协助抽逃出资的其他股东、董事、高级管理人员或者实际控制人对此承担连带责任的，人民法院应予支持；抽逃出资的股东已经承担上述责任，其他债权人提出相同请求的，人民法院不予支持。

第十八条　有限责任公司的股东未履行或者未全面履行出资义务即转让股权，受让人对此知道或者应当知道，公司请求该股东履行出资义务、受让人对此承担连带责任的，人民法院应予支持；公司债权人依照本规定第十三条第二款向该股东提起诉讼，同时请求前述受让人对此承担连带责任的，人民法院应予支持。

受让人根据前款规定承担责任后，向该未履行或者未全面履行出资义务的股东追偿的，人民法院应予支持。但是，当事人另有约定的除外。

第十九条　公司股东未履行或者未全面履行出资义务或者抽逃出资，公司或者其他股东请求其向公司全面履行出资义务或者返还出资，被告股东以诉讼时效为由进行抗辩的，人民法院不予支持。

3.《中华人民共和国公司登记管理条例》(2016年)

第十四条　股东的出资方式应当符合《公司法》第二十七条的规定，但股东不得以劳务、信用、自然人姓名、商誉、特许经营权或者设定担保的财产等作价出资。

4.《中华人民共和国民法总则》(2017.10)

【营利法人出资人依法行使权利】第八十三条　营利法人的出资人不得滥用出资人权利损害法人或者其他出资人的利益。滥用出资人权利给法人或者其他出资人造成损失的，应当依法承担民事责任。

5.《全国法院民商事审判工作会议纪要》(2019.11)

【股东出资应否加速到期】在注册资本认缴制下，股东依法享有期限利益。债权人以公司不能清偿到期债务为由，请求未届出资期限的股东在未出资范围内对公司不能清偿的债务承担补充赔偿责任的，人民法院不予支持。但是，下列情形除外：①公司作为被执行人的案件，人民法院穷尽执行措施无财产可供执行，已具备破产原因，但不申请破产的；②在公司债务产生后，公司股东（大）会决议或以其他方式延长股东出资期限的。

【表决权能否受限】股东认缴的出资未届履行期限，对未缴纳部分的出资是否享有以及如何行使表决权等问题，应当根据公司章程来确定。公司章程没有规定的，应当按照认缴出资的比例确定。如果股东（大）会作出不按认缴出资比例而按实际出资比例或者其他标准确定表决权的决议，股东请求确认决议无效的，人民法院应当审查该决议是否符合修改公司章程所要求的表决程序，即必须经代表三分之二以上表决权的股东通过。符合的，人民法院不予支持；反之，则依法予以支持。

【资本显著不足】资本显著不足指的是，公司设立后在经营过程中，股东实际投入公司的资本数额与公司经营所隐含的风险相比明显不匹配。股东利用较少资本从事力所不及的经营，表明其没有从事公司经营的诚意，实质是恶意利用公司独立人格和股东有限责任把投资风险转嫁给债权人。由于资本显著不足的判断标准有很大的模糊性，特别是要与公司采取"以小博大"的正常经营方式相区分，因此，在适用时要十分谨慎，应当与其他因素结合起来综合判断。

6.《中华人民共和国民法典》(2021.1.1)

第八十三条 营利法人的出资人不得滥用出资人权利损害法人或者其他出资人的利益；滥用出资人权利造成法人或者其他出资人损失的，应当依法承担民事责任。

三、实务诉讼请求

股东出资纠纷的诉讼目的在于要求法院确认抽逃出资、瑕疵出资的股东返还相应出资款，或是由债权人要求股东在未出资范围内对公司债务不能履行的部分承担补充赔偿责任。笔者通过检索大量司法判例，一般法院会判决股东返还相应出资款，或者要求股东在抽逃出资范围内对公司债务承担补充赔偿责任，如果公司董事、高级管理人员协助抽逃出资的，还应对以上股东的赔偿责任承担连带赔偿责任。

诉讼请求总结如下：

法院判决结果如下：一是汤某返还某某公司出资款150万元；二是潘某返还某某公司出资款150万元；三是汤某支付某某公司以150万元为本金、从2005年8月8日起算至判决生效日止，按中国人民银行同期贷款利率计算的利息；四是潘某支付某某公司以150万元为本金、从2005年8月8日起算至判决生效日止，按中国人民银行同期贷款利率计算的利息；以上四项，于判决生效之日起十日内履行。

法院判决结果如下：一是限被告胡某志于本判决生效后三日内支付原告出资款10万元，并赔偿逾期利息损失6745元（暂计算至2017年3月15日，之后的利息损失按中国人民银行公布的同期同档次贷款基准利率计算至实际履行之日止）；二是被告李某某对被告胡某志的上述付款义务承担连带清偿责任。

法院判决结果如下：一是确定被告抽逃出资50万元；二是被告于本判决生效后十五日内返还原告某某公司出资款35万元及利息。

法院判决结果如下：一是被告某某公司于本判决生效之日起十日内向江苏某某公司补缴出资款2385万元及利息；二是被告法定代表人对上述款项承担连带责任。

法院判决结果如下：一是被告周某某于本判决生效之日起十日内在未出资额710万元本息范围内，对上海市第一中级人民法院作出〔2015〕沪一中民四（商）终字第2526号民事调解书确定的某某公司应承担的债务428166元不能清偿部分承担补充赔偿责任；二是被告黄某某于本判决生效之日起十日内在未出资额140万元本息范围内，对上海市第一中级人民法院作出〔2015〕沪一中民四（商）终字第2526号民事调解书确定的某某公司应承担的债务428166元不能清偿部分承担补充赔偿责任；三是被告黄某某于本判决生效之日起十日内在未出资额50万元本息范围内，对上海市第一中级人民法院作出〔2015〕沪一中民四（商）终字第2526号民事调解书确定的某某公司应承担的债务428166元不能清偿部分承担补充赔偿责任；四是被告黄某某于本判决生效之日起十日内在未出资额760万元本息范围内，对上海市第一中级人民法院作出〔2015〕沪一中民四（商）终字第2526号民事调解书确定的某某公司应承担的债务428166元不能清偿部分承担补充赔偿责任。

第二节　股东出资纠纷的主要问题及实务指南

　　股东出资义务，是指股东应当根据其认缴出资额向公司足额缴纳出资的义务，是维持公司资本充足原则的前提。2013年我国《公司法》的修订，将公司资本由注册制改为认缴制，即取消了对公司设立时必须实际缴纳资本的强制规定，允许股东在公司章程规定的期限内分期缴纳公司资本。

　　由于经济发展的要求，股东出资的形式也纷繁复杂，有的以货币出资，有的以非货币出资。1993年到2005年12月31日，《公司法》规定，"工业产权、非专利技术作价出资的金额不得超过有限责任公司注册资本的百分之二十"；2006年1月1日到2014年2月28日，《公司法》规定，"全体股东的货币出资金额不得低于有限责任公司注册资本的百分之三十"。从2014年3月1日以后，《公司法》已经取消了对非货币出资的比例限制，意味着可以以全部非货币形式进行出资，但应当满足非货币出资的法定程序和要求。

　　《公司法》第二十七条规定："股东可以用货币出资，也可以用实物、知识产权、土地使用权等可以用货币估价并可以依法转让的非货币财产作价出资；但是，法律、行政法规规定不得作为出资的财产除外。对作为出资的非货币财产应当评估作价，核实财产，不得高估或者低估作价。法律、行政法规对评估作价有规定的，从其规定。"

　　第二十八条规定："股东应当按期足额缴纳公司章程中规定的各自所认缴的出资额。股东以货币出资的，应当将货币出资足额存入有限责任公司在银行开设的账户；以非货币财产出资的，应当依法办理其财产权的转移手续。"

　　同时，针对以房屋、划拨土地使用权、需要办理权属登记的知识产权、公司股权等非货币形式财产出资的情形，《公司法司法解释（三）》规定了上述出资应满足的合法程序。若违反上述出资规定的，股东的出资义务则被视为"未履行"或"未全面履行"。

《公司法司法解释（三）》第十三条明确规定，若股东存在未出资情形，债权人可以要求该股东就未出资本息范围内对公司债务承担连带责任。

一、虚假出资、抽逃出资的司法认定

《公司法司法解释（三）》第十二条规定："公司成立后，公司、股东或者公司债权人以相关股东的行为符合下列情形之一且损害公司权益为由，请求认定该股东抽逃出资的，人民法院应予支持：

（一）制作虚假财务会计报表虚增利润进行分配；

（二）通过虚构债权债务关系将其出资转出；

（三）利用关联交易将出资转出；

（四）其他未经法定程序将出资抽回的行为。"

第十四条规定："股东抽逃出资，公司或者其他股东请求其向公司返还出资本息、协助抽逃出资的其他股东、董事、高级管理人员或者实际控制人对此承担连带责任的，人民法院应予支持。"

因此，股东若出现上述情形中的任何一种，公司、股东或公司债权人可以请求认定该股东构成抽逃出资。具有出资义务的股东有证明的责任，即证明自己不存在抽逃、虚假出资的行为。

1. 公司成立后不久，即将注册资金转出其他公司的行为，已经形成证据链，证明公司存在"以其他形式抽逃注册资本"的行为

2013年，《公司法》将公司注册资本由实缴制改为认缴制，因此，对于2013年之前成立的公司，如果查找公司的工商内档，基本都会附一张《验资报告》，载明公司于某某日在某验资账户存入注册资本金额某某元，已完成全部出资义务。然而，若查询到该验资账户不久即有资金转出行为，则构成"以其他形式抽逃注册资本"的行为。

例如，上海市第二中级人民法院审理的汤某、潘某与葛某股东出资纠纷案【〔2014〕沪二中民四（商）终字第989号】认为：《公司法》第三十五条规定，公司成立后，股东不得抽逃出资。《公司法司法解释（三）》第十二条第（四）项明确解释了"其他未经法定程序将出资抽回的行为"属于认定股东抽逃出资的情形。本案中，从金山分局依法获取的包某公司情况说明，以及汤某和潘某在公司成立后，即将货币出资300万元及后存入的720元一并于2005年8月8日从某某公司验资账户转入某某公司基本账户，随即又转入包某公司账户，并在当日注销某某公司基本账户的事实来看，能够形成证据链，证明俩上诉人系从包某公司借款300万元用于验资注册，在公司成立后即将该款抽回返还给了包某公司。在既没有证据证明俩上诉人有其他自有资金作为某某公司的注册资金来源，也没有证据证明某某公司向包某公司支付300.072万元系用于俩公司之间的正常业务往来的情况下，本院认为，原审法院认定汤某、潘某存在抽逃出资的行为具有事实和法律依据。

2. 验资报告中的出资依据缺乏或足以被合理怀疑的，出资人承担出资已完成的证明义务

考察股东是否已经履行出资义务时，一方面要结合公司章程中对出资义务的金额、出资期限的约定，一方面要结合不同出资形式的出资合法性确认。如以在建工程等非货币资产进行出资的，需要对该非货币资产进行评估，并办理产权转移手续，这些举证责任将由负有出资义务的股东承担，若无法举证将被视为"虚假出资"。

例如，上海市第一中级人民法院审理的振某公司诉物资公司股东出资纠纷案【〔2018〕沪01民终307号】认为：根据《开业注册资金验资报告》，供销总公司等四个投资者均系以"在建工程"出资。本案中供销总公司并不能明确是哪项在建工程，仅表示"可能是振某大厦""可能地块中有土地使用权"。鉴于在案证据无法反映出供销总公司在建工程的具体内容，供销总公司亦不能明确其用于出资的在建工程，仅凭验资报告中所填写的"在建工程"一栏，难以认定供销总公司已通过在建工程出资。供销总公司如认为其已实际履行出资义务，则应提供证据予以证明，但在案证据并不足以证明供销总公司已实际履行出资义务。因此，供销总公司所称其已向振某公司履行出资义务的主张，缺乏事实依据，本院不予支持。振某公司要求供销总公司按照所占股份比例支付出资款120万元的诉讼请求，本院予以支持。

二、房屋、土地使用权出资入股的条件

股东一方以土地使用权、地上建筑物（在建工程）、房屋所有权出资入股，如何确定该出资方式合法有效？

如果出资土地使用权出现瑕疵，法院会判定让股东交付土地使用权还是交付现金？

《公司法司法解释（三）》第八条规定："出资人以划拨土地使用权出资，或者以设定权利负担的土地使用权出资，公司、其他股东或者公司债权人主张认定出资人未履行出资义务的，人民法院应当责令当事人在指定的合理期间内办理土地变更手续或者解除权利负担；逾期未办理或者未解除的，人民法院应当认定出资人未依法全面履行出资义务。"

《中华人民共和国土地管理法》第五十六条规定："确需改变该幅土地建设用途的，应当经有关人民政府土地行政主管部门同意，报原批准用地的人民政府批准。"第六十条规定："农村集体经济组织使用乡（镇）土地利用总体规划确定的建设用地兴办企业或者与其他单位、个人以土地使用权入股、联营等形式共同举办企业的，应当持有关批准文件，向县级以上地方人民政府土地行政主管部门提出申请，按照省、自治区、直辖市规定的批准权限，由县级以上地方人民政府批准。"

《中华人民共和国城镇国有土地使用权出让和转让暂行条例》第四十四条规定："划拨土地使用权，除本条例第四十五条规定的情况外，不得转让、

出租、抵押。"

我国的土地使用权转让制度通常有划拨和招拍挂程序，无论是哪种程序，其用途通常已经确定，若擅自改变用于公司出资，则需要审批，这就导致大部分的土地使用权出资很难通过审批，进而导致出资无效。

1. 权属清晰

股东应当以自身合法所有的土地使用权、房屋进行出资。《公司法》第二十七条规定，股东可以用非货币财产作价出资，包括房屋建筑物，增资亦如此。由于非货币财产变动的特殊性，《公司法》第二十八条亦规定，"以非货币财产出资的，应当依法办理其财产权的转移手续"，以解决出资财产的法律归属和处分权问题，这也是对需要办理权属变更登记手续的财产出资行为的特殊法律要求。倘若出资人或增资人完全履行其出资义务，应当依法办理该项出资财产的权属变更手续，使其成为公司的法人财产。否则，即使该财产已实际交付公司使用，因所有权未被公司掌控，影响了公司对财产的利用和处分，也使公司承担将来无法处分该项财产的法律风险，进而威胁到其他股东和公司债权人利益。

例如，上海市崇明法院审理的谢某与上海某家具公司股东出资纠纷案【〔2011〕崇民二（商）初字第110号】认为：戴某用于增资的房屋建筑物，因存在权利瑕疵而无法办理相应的权证。戴某以房屋建筑物及设备作为增资的财产权实际均未转移至某某公司，其出资财产显存权利瑕疵，故戴某某的增资行为构成未全面履行。

2. 评估作价

用以出资的土地或房屋应当履行评估程序，明确评估出资金额，若评估金额与出资金额差距过大，应及时要求出资人就差额部分补足货币出资。

例如，牡丹江市中级人民法院审理的李某某与安某公司、王某某股东出资纠纷案【〔2016〕黑10民终891号】认为：根据《公司法》的规定，"实物出资的财产可以是厂房、办公用房、设备设施、机器、仓库、运输工具以及其他的生产资料。以实物出资应按照国家规定进行资产评估作价。资产评估作价是实物出资的必经程序，是认定股东权利的依据。对于出资的实物评估作价，必须由国家机构进行。同时，还应提供拥有该实物所有权的有效证明。"因此，实物出资的到位以实物转移及办理转移财产权的手续为准。股东用土地使用权出资的应当遵守国家法律规定，也应依法办理土地使用权的转移手续。上诉人李某某没有提供拥有该实物 43000 平方米土地所有权的有效证件，证实其以土地出资依法成立。

3. 交付合法

《公司法》明确规定非货币出资应当办理财产权转移手续，要求股东将土地或房屋既要实际交付于目标公司，也要办理权属变更于目标公司名下，二者缺一不可。

根据《最高人民法院关于适用〈中华人民共和国公司法〉若干问题的规定（三）》第十条的规定，"出资人以房屋、土地使用权或者需要办理权属登记的知识产权等财产出资，已经交付公司使用但未办理权属变更手续，公司、其他股东或者公司债权人主张认定出资人未履行出资义务的，人民法院应当责令当事人在指定的合理期间内办理权属变更手续"。

例如，天津市高级人民法院审理的泰某酒店、中某公司股东出资纠纷案【〔2017〕津民终 588 号】认为：根据《公司法》第二十八条的规定，以房屋出资的，应当以实际交付并办理产权过户作为履行出资义务的条件，中某公司、永某公司主张以在房屋管理部门办理预告登记作为履行出资义务的标准，于法无据，法院不予支持。上述主张的合同依据虽为《天津市商品房买卖合同》，但该合同系为履行各方当事人的《增资协议书》而签订的，泰某酒店作为合同当事人，在本案中依据该《天津市商品房买卖合同》主张权利并无不当，中某公司、永某公司的抗辩一审法院不予支持。

4. 一个禁止：不得以划拨的土地使用权进行出资

出资人以划拨土地使用权作为出资，应当首先变更土地性质，否则应当认定未履行出资义务。例如，广州市中级人民法院审理的某食品公司、化工公司股东出资纠纷案【〔2018〕粤01民终10635号】认为：涉案出资土地系国有划拨用地，依据《中华人民共和国土地管理法》等相关法律法规，划拨土地使用权只能用于划拨用途，不能用于出资。出资人欲以划拨土地出资，应将划拨土地使用权变更为出让土地使用权。但是，将划拨土地使用权变更为出让土地使用权，决定权在于土地所属地方政府及其土地管理部门。

以房屋、土地使用权出资实际上是将房屋、土地使用权转移至目标公司名下，因此，该出资行为除了应当满足《公司法》的相关规定外，还应当满足《中华人民共和国土地管理法》等相关法律要求。因此，当无法满足以上要求时，公司不能强制法院判令股东交付土地使用权，而只能选择其他赔偿措施，通常是货币资金补足。但这往往与股东之间的合作目的相悖，如因此导致合作目的丧失，可以诉请解除合同。

出资人拟以划拨性质土地、工业用地、集体所有土地进行出资前，应当征求土地行政管理部门转让手续的合法性和有效性，合作股东也应当对该事项进行尽职调查，并在合同中明确约定无法变更手续导致的违约责任及补偿方式。

实践中，还存在以尚未完全履行土地出让金缴纳手续或存在其他权利瑕疵的土地使用权进行出资或转让，建议通过咨询第三方专业机构来确定采取何种交易模式，尽量降低税负、缩短交易时间、降低交易风险。

三、技术出资的合法性认定

创业股东之间一方出资金、一方出技术的模式在实践中应用较为广泛。苹果手机教父乔布斯也坦言，创业初期需要合适的技术合伙人合作。在技术入股的模式中，如何认定技术出资已完成？一旦出资被认定为瑕疵或无效，对公司的风险如何弥补？如何才能让公司安心接受"技术入股"？

纵观不同时期的《公司法》会发现，《公司法》对"技术出资"的要求经历了从"严格限制"到"协商自由"。

1993年到2005年12月31日,《公司法》规定:"股东可以用货币出资,也可以用实物、工业产权、非专利技术、土地使用权作价出资。对作为出资的实物、工业产权、非专利技术或者土地使用权,必须进行评估作价,核实财产,不得高估或者低估作价。土地使用权的评估作价,依照法律、行政法规的规定办理。以工业产权、非专利技术作价出资的金额不得超过有限责任公司注册资本的百分之二十,国家对采用高新技术成果有特别规定的除外。"

2006年1月1日到2014年2月28日,《公司法》规定:"股东可以用货币出资,也可以用实物、知识产权、土地使用权等可以用货币估价并可以依法转让的非货币财产作价出资;但是,法律、行政法规规定不得作为出资的财产除外。对作为出资的非货币财产应当评估作价,核实财产,不得高估或者低估作价。法律、行政法规对评估作价有规定的,从其规定。全体股东的货币出资金额不得低于有限责任公司注册资本的百分之三十。以非货币财产出资的,应当依法办理其财产权的转移手续。"

2014年3月1日至今,《公司法》规定:"股东可以用货币出资,也可以用实物、知识产权、土地使用权等可以用货币估价并可以依法转让的非货币财产作价出资;但是,法律、行政法规规定不得作为出资的财产除外。对作为出资的非货币财产应当评估作价,核实财产,不得高估或者低估作价。法律、行政法规对评估作价有规定的,从其规定。"

从上述变迁可以看出,为了鼓励多样化的股东出资行为,以及便于知识产权转移为股东财产,《公司法》已允许技术出资可进行全面出资,但对该技术出资的合法性进行了严格规定。具体来说,技术出资的合法性应注意以下几点。

1. 客体明确合法

出资人和公司应当对拟出资知识产权客体进行明确,而非笼统以"技术出资"来表述,出资的究竟是著作权还是专利,是专利使用权还是专利所有权，是专有技术的话是何种专有技术？一旦产生纠纷，无法明确出资义务是否已履行。

例如，上海市第一中级人民法院审理的王某诉浙江某公司出资纠纷案【〔2015〕沪一中民四（商）终字第1056号】认为：根据《公司法》规定，股东可以用非货币财产作价出资。本案中，王某所称的技术股中的技术并不明确具体，未进行且也难以评估作价，更不能证明可以依法转让，故在此情形下，振某公司以王某未履行该部分股权出资义务为由，请求其补缴出资款，于法有据。

2. 可依法转让

《公司法》规定，股东可以用依法转让的非货币资产作价出资。因此，出资人用于出资的知识产权应当是可依法转让的，不存在权利瑕疵的。

例如，上海市第一中级人民法院审理的曹某某诉上海木牛某某公司股东出资纠纷案【〔2017〕沪01民终5961号】认为：如证言所述，木牛某某非专利技术，作为一项非物质文化遗产，曹某某作为传承人，有义务将其传承下去，并对此展开相应工作，曹某某难以确保木牛某某非专利技术具有"可以依法转让的非货币财产"此一《公司法》上的出资特征，从而不能实现被相关部门予以工商登记并认可。因此，该出资义务不能认定已经履行。

3. 明确交付义务

《公司法》明确规定出资应当办理财产权转移手续，应当将该知识产权转移至目标公司名下。在出资协议中明确有关技术资料、技术文档、代码等配合知识产权产生效益的文件的交付标准。

例如，石家庄市中级人民法院审理的裘某、焦某股东出资纠纷案【〔2019〕冀01民终6551号】认为：股东以非货币出资的，确定是否履行了出资义务的判断标准，是以向公司办理财产权转移手续及非货币财产的实际交付使用。本案涉及出资的非货币财产出资为"三嗪环"生产工艺技术，如果按照被告所说的该技术为实用技术、专有技术，无法通过登记转移财产所有权，也应该通过交付技术资料以示交付，并由全体股东监督落实，保证该技术由公司掌握并独自享有。被告既不能提供交付证明，又因公司成立后未投入生产即进入破产清算程序，不能通过已投入生产应用、公司实际掌握了该技术来证明被告已完成了交付使用而履行了出资义务，应当认定被告并未履行出资义务。

4. 履行评估作价

选择具有知识产权评估资格的评估机构进行技术出资评估，若评估过程中发现技术出资涉嫌与目标价值相差过大或所有权瑕疵的，及时要求出资人用货币或其他方式弥补出资瑕疵。

例如，上海市第一中级人民法院审理的何某诉某智公司股东出资纠纷案【〔2016〕沪01民终2461号】认为：何某作为某智公司股东，理应按照公司章程及《公司法》的相关法律规定，按期足额缴纳出资款。但其出资款在某智公司通过验资审验后便被转出，因此其应承担继续向某智公司缴纳出资款的义务；其次，针对技术入股之辩称，原审法院认为该出资方式不但与公司章程所记载的货币出资方式相悖，而且何某亦未出示相关证据证明其有技术出资的事实及该项技术评估作价的报告。综上，原审法院对于何某之抗辩意见均不予采信。

5. 对技术出资方的建议

明确出资客体，并根据《公司法》办理技术出资的产权转移或交付，保存交付凭证，以避免后续因技术出资年久无人管理或失效后，公司追究其出资瑕疵责任。

要求技术出资股东提供合法的评估报告、权利凭证、拟定交付清单及交付标准，查询该项知识产权是否存在权利瑕疵或未决诉讼，在出资协议中约定，如出现拟出资技术不符合约定，有权要求股东以货币方式限期补足出资。

对于以现金出资股东而言，存在其他股东以技术出资的，应当督促其进行技术出资评估，并对出资不实而造成的违约责任予以明确，防止今后因债权人追究出资不实责任，而要求其他发起人股东承担连带责任。

四、以债权出资——债转股合法有效的条件

这里讨论的"债转股"，仅针对在中国境内设立的有限公司或股份有限公司的债权，转为公司股权的合法性和程序性，因其更符合市场化、意思自治的原则，也更具有普适性。这里不讨论政策性债转股，以及银行等金融机构对债务人企业之间的债转股操作方式，具体可参考《国务院关于积极稳妥降低企业杠杆率的意见》《关于市场化银行债权转股权的指导意见》（2016年）等相关规定。

根据《公司注册资本登记管理规定》第七条规定："债权人可以将其依法享有的对在中国境内设立的公司的债权，转为公司股权。转为公司股权的债权应当符合下列情形之一：

（一）债权人已经履行债权所对应的合同义务，且不违反法律、行政法规、国务院决定或者公司章程的禁止性规定；

（二）经人民法院生效裁判或者仲裁机构裁决确认；

（三）公司破产重整或者和解期间，列入经人民法院批准的重整计划或者裁定认可的和解协议。用以转为公司股权的债权有两个以上债权人的，债权人对债权应当已经作出分割。

债权转为公司股权的，公司应当增加注册资本。"

《公司法》第二十七条规定："股东可以用货币出资，也可以用实物、知识产权、土地使用权等可以用货币估价并可以依法转让的非货币财产作价出资；但是，法律、行政法规规定不得作为出资的财产除外。对作为出资的非货币财产应当评估作价，核实财产，不得高估或者低估作价。法律、行政法规对评估作价有规定的，从其规定。"

因此，债权转换为股权的适用条件包括了以下几点：

1. 债权明确合法

用于出资的债权应明确、真实、合法，包括债权人已经履行完毕所有义务，或经生效判决确认的债权，或人民法院批准的和解债权。根据《公司法》第二十七条规定，出资者以货币形式出资和以非货币形式出资（含债权转股权）有着巨大差别。以非货币形式出资的，需要评估作价、所有权变更登记等严格的前置验资程序，属于公司新增资本的出资，最后须经股东代表大会程序性表决通过才能完成转化，其中，债权首先应满足明确具体这一条件。

例如，在某水电公司与陈某股东出资纠纷二审案【〔2017〕云33民终114号】中，公司"以债权转股权"的形式增加股份，需要符合以下条件方为有效：转股债权需要明确、合法、真实。本案中，六名第三人502万元的债权，主要来源陈某履行三个承包合同后产生的利润和垫税款，公司与陈某之间是否经过结算？陈某是否有利润？该结算过程及其结果是否得到公司全体股东代表的认可？以上事实被告和第三人并没有提供相应的证据证明。因此，本院确认，被告恒力公司对陈某等六名第三人共计502万元的增资决议及行为无效。

2. 履行评估作价程序

根据《公司法》的规定，非货币出资应当属于可以估价的可转让债权，并履行评估手续。因此，如出资人可以举证证明，其出资债权已经履行依法评估程序，则可以认定为有效出资。

例如，青海省高级人民法院审理的天某公司与华某公司股东出资纠纷再审案【〔2017〕青民申329号】认为：2013年12月10日，华某公司与鑫某公司根据包头某某资产评估事务所出具的〔2013〕第152号《资产评估报告书》签订《债权转股权协议书》，约定华某公司对鑫某公司债权11.2亿元中确定转股债权总额为9亿元，华某公司以9亿元的债权资产向鑫某公司出资，同日，鑫某公司形成股东会决议，华某公司以其对鑫某公司的债权9亿元转增股权。根据西宁华某公司提交的资产评估报告、验资报告、审计报告以及承兑汇票，可以证明西宁华某公司已履行了出资义务。

3. 股东会批准程序

由于债转股仅能用于增资，而《公司法》第四十三条规定："股东会会议作出修改公司章程、增加或者减少注册资本的决议，以及公司合并、分立、解散或者变更公司形式的决议，必须经代表三分之二以上表决权的股东通过。"因此，股东会批准的授权决议是债转股必需的合法前提之一。不能证明经股东会同意的，股东对公司的借款不得抵偿股东的出资义务。

例如，日照市中级人民法院审理的某能源物资有限公司与绿某公司股东出资纠纷案〔〔2018〕鲁11民终2441号〕认为：根据《公司注册资本登记管理规定》第七条，绿某公司对莒某公司的债权仅可转为公司增资，而不能直接冲抵其对莒某公司的出资义务。而且绿某公司对莒某公司的债权与其所应交纳的注册资本金性质不同，绿某公司在向莒某公司出借借款之后即享有要求莒某公司按期还款权利，而绿某公司对于注册资本金的交纳受《股权转让协议》和《莒某绿某环保科技有限公司章程》的约束，是否可以缓交、免交、抵销，都要经过莒某公司的公司股东会决议流程进行决定，故在绿某公司不能举证证实其借款转注册资本金的意见已经莒某公司股东会决议同意的情况下，其对莒某公司的借款不能必然抵销其应向莒某公司交纳的注册资本金。

4. 债转股的用途限定

根据《公司注册资本登记管理规定》，债权出资仅能用于公司增加注册资本，因此，股东与公司之间的借款不可抵消股东的出资义务。

综上，根据我国的法律法规，以债权出资的仅能用于增资，而非原始出资，且根据判例，债权出资的有效性极有可能会因债权的真实性、合法性而受到质疑并判定增资无效。

对债权人的建议：若债权人（如供应商或借款人）的确存在对该公司的巨额债权，而该目标公司虽无力偿还但确系资产较为良好的投资标的，债权

人希望以债转股方式参与公司经营管理的,应当符合以下条件:

(1)债权明确真实合法,符合《公司注册资本登记管理规定》第七条的规定。

(2)债权经有资质的评估机构评估作价。

(3)增资过程经合法有效的股东会决议通过。

(4)仅能将债权用于股权增资而非原始出资。

最后,以债权增资完成后,应当及时办理工商登记变更,以取得股东权利外观公示效力。

五、以其他公司股权进行出资的合法性认定

《公司法司法解释(三)》第十一条规定:"出资人以其他公司股权出资,符合下列条件的,人民法院应当认定出资人已履行出资义务:(一)出资的股权由出资人合法持有并依法可以转让;(二)出资的股权无权利瑕疵或者权利负担;(三)出资人已履行关于股权转让的法定手续;(四)出资的股权已依法进行了价值评估。股权出资不符合前款第(一)、(二)、(三)项的规定,公司、其他股东或者公司债权人请求认定出资人未履行出资义务的,人民法院应当责令该出资人在指定的合理期间内采取补正措施,以符合上述条件。"

《公司注册资本登记管理办法》第六条进一步明确,用于出资的股权应当符合以下条件:

"以股权出资的,该股权应当权属清楚、权能完整、依法可以转让。具有下列情形的股权不得用作出资:(一)已被设立质权;(二)股权所在公司章程约定不得转让;(三)法律、行政法规或者国务院决定规定,股权所在公司股东转让股权应当报经批准而未经批准;(四)法律、行政法规或者国务院决定规定不得转让的其他情形。"

因此,从以上看出,我国《公司法》允许多种形式的出资方式,包括以

其他公司股权进行出资，但该出资必须符合以下条件：

1. 出资股权合法且依法可转让

用以出资的股权可依法转让，不存在法律规定的限制转让情形，如有限公司已经获得其他股东优先购买权豁免函，涉及金融、外商投资等特定行业股权履行了法定审核手续。

2. 出资股权无权利瑕疵或权利负担

出资股权已履行出资义务，不存在抽逃出资、出资瑕疵或有质押等权利负担情形。

3. 履行了股权转让的法律程序

合法交付，用以出资的股权已经履行了股东变更的工商登记手续，涉及国有股权转让的履行了进场交易的程序等。

4. 履行合法评估作价手续

作为非货币资产的股权在出资时已履行评估作价手续。

在司法实务中，以股权出资认定出资瑕疵的判例并不多见，以下是笔者搜索到的部分案例代表：

（1）未进行评估确认价值的股权出资，不能认定为出资义务已履行。

重庆某公司与李某公司决议效力确认纠纷案【〔2015〕渝二中法民终字第01866号】

二审法院认为：由于双方为李某是否以转让北京郎某股权的方式作为出资以及是否完全履行出资义务发生争议，而对股权价值进行评估对认定出资人是否全面履行出资义务具有重大影响，故双方应当先解决双方之间的出资纠纷，以确认李某是否能以转让股权的方式出资及是否足额出资。即使李某能以转让北京郎某公司股权的方式出资，其出资的股权未依法进行价值评估，不能确定股权出资的价值（金额），一审判决直接认定李某将其在北京郎某的股权转让给某控股即已完成了出资义务不符合法律规定，本院予以纠正。

（2）以股权出资的，该股权应当证明已实际缴纳股权出资，否则应认定为虚假出资。

新疆A实业公司、辛某建设工程施工合同纠纷案【〔2020〕新40民终1005号】

一审法院认为：辛某等17名自然人以持有B水电公司2831万元股权原系A实业公司持有无偿转让给上述17人的股权以及以原公司资本公积金增资3200万元（且没有证据证明B水电公司存在资本公积金），因而属于用自己股权认缴自己公司出资，故据此确认辛某等17名股东虚假出资2831万元。虽然，A实业公司提供了验资报告，但该报告明确载明：本验资报告供贵公司申请变更登记及据以向投资人签发出资证明时使用，不应将其视为是对贵公司验资报告日后资本保全、偿还能力和持续经营能力等的保证。一审法院据此确定辛某等股东承担股权相当的责任。A实业公司等称出资足额，其未向一审法院举证证明，应承担举证不能的责任。

二审法院认为：本案一审中，各上诉人陈述其对A实业公司的出资系辛某等17名自然人股东以持有B水电公司2831万元股权出资，此后经股东间相互转让股份，目前A实业公司股东系本案8名上诉人。新疆某会计师事务所验资报告以及2009年12月3日A实业公司股东会决议均显示，辛某等17名股东对A实业公司2831万元出资由货币出资变更为持有的B水电公司股权出资，A实业公司于2009年11月13日按上述金额已退还辛某等17名股东现金出资2831万元。现本案二审中8位股东提出是以现金投入方式向A实业公司投资，一、二审庭审对同一事实陈述相互矛盾，有悖民事诉讼禁止反言的原则，且证据显示各股东缴纳的现金出资2831万元已退还。因此，上诉人提供的证据不能确认各股东已实际足额交纳入股资金。

鉴于以股权出资的司法实务判例并不多见，以股权出资的便利性尚待检验。究其原因，以有限公司股权出资，本身难以全面满足出资的合法条件。

（1）股权出资应当履行依法可转让手续，需要获得其他股东同意对外转让的股东会决议或豁免优先权的通知程序。

（2）用以出资的股权应当实际缴纳出资，这一点在2013年以后的公司亦不经常实现。

（3）用以出资的股权应当合法、无权利瑕疵或负担。然而相比于技术出资、货币出资或房产出资，股权出资非常考验该股权的流动性和可变现性。若该股权所属公司本身价值未予以确定，则该出资被判定有瑕疵的可能性极高。

此外，实践中亦存在股东之间本来约定货币出资，但公司经营过程中股东一致同意修改出资方式为股权出资，该类出资若明显损害债权人利益，亦有可能对出资股东要求赔偿责任。

六、其他股东出资纠纷涉及问题

1. 未全面履行出资义务而转让股权，受让方是否承担责任

《公司法司法解释（三）》第十八条规定："有限责任公司的股东未履行或者未全面履行出资义务即转让股权，受让人对此知道或者应当知道，公司请求该股东履行出资义务、受让人对此承担连带责任的，人民法院应予支持；公司债权人依照本规定第十三条第二款向该股东提起诉讼，同时请求前述受让人对此承担连带责任的，人民法院应予支持。

受让人根据前款规定承担责任后，向该未履行或者未全面履行出资义务的股东追偿的，人民法院应予支持。但是，当事人另有约定的除外。"

第十九条规定："公司股东未履行或者未全面履行出资义务或者抽逃出资，公司或者其他股东请求其向公司全面履行出资义务或者返还出资，被告股东以诉讼时效为由进行抗辩的，人民法院不予支持。"

在股权转让中，涉及出资义务的存在三个法律关系：一是原股东与公司之间的法律关系；二是现股东与公司之间的法律关系；三是原股东和现股东之间的股权转让关系。

在第一个关系中，原股东对公司有出资义务，如违反出资义务，公司有

权提起诉讼要求原股东返还，但由于公司彼时仍在原股东及其高管控制下，此类情况不会出现。一旦发生股权转让，即现股东成为公司实际控制人，则有权利代表公司要求原股东履行返还出资的义务，出资义务不受诉讼时效限制。即便原股东抽逃出资后 30 年再转让股权，公司仍然有权求原股东承担出资义务。债权人也有权要求原出资人或股权受让人承担出资义务。

例如，上海市第一中级人民法院审理的郑某诉上海杰某公司股东出资纠纷案【〔2016〕沪 01 民终 3554 号】认为：验资报告所依据的材料仅有由上海某工程开发公司向杰某公司出具的 100 万元现金收据及杰某公司与上海某工程开发公司签订的价款为 100.032 万元的厂房订购协议书。因设立杰某公司的行为发生在 1994 年，根据 1993 年《公司法》的规定，"股东以货币出资的，应当将货币出资足额存入准备设立的有限责任公司在银行开设的临时账户；以实物、工业产权、非专利技术或者土地使用权出资的，应当依法办理其财产权的转移手续"。故仅凭上述收据及厂房订购协议书，并不足以得出杰某公司股东已足额缴纳出资的结论。因郑某虹未履行缴纳出资的义务，杰某公司要求其履行出资义务，有事实及法律依据。至于郑某虹关于其将股权转让给郑某玲时双方已约定郑某虹不再承担任何责任，故出资不实的责任不应由其承担的抗辩意见，法院认为，股权转让协议中关于出资不实责任承担的约定，仅对出让股东与受让股东产生约束力，故即使郑某虹、郑某玲约定郑某虹不再承担出资不实的责任，杰某公司仍有权要求郑某虹承担出资不实的责任。

2. 公司减资是否能对出资义务进行免除

《公司法》并未直接规定公司违法减资的后果，但在法理以及司法实践中，法院倾向认为违法减资将导致与抽逃出资类似的法律后果，侵害了公司债权人的利益，因此，参照抽逃出资的后果要求股东承担补充赔偿责任。

《公司法》第四十三条："股东会会议作出修改公司章程、增加或者减少注册资本的决议，以及公司合并、分立、解散或者变更公司形式的决议，必须经代表三分之二以上表决权的股东通过。"

《公司法》第一百七十七条:"公司需要减少注册资本时,必须编制资产负债表及财产清单。公司应当自作出减少注册资本决议之日起十日内通知债权人,并于三十日内在报纸上公告。债权人自接到通知书之日起三十日内,未接到通知书的自公告之日起四十五日内,有权要求公司清偿债务或者提供相应的担保。"

《公司法司法解释(三)》第十四条:"公司债权人请求抽逃出资的股东在抽逃出资本息范围内对公司债务不能清偿的部分承担补充赔偿责任、协助抽逃出资的其他股东、董事、高级管理人员或者实际控制人对此承担连带责任的,人民法院应予支持;抽逃出资的股东已经承担上述责任,其他债权人提出相同请求的,人民法院不予支持。"

因此,公司减资应当按照法定程序进行,如下:①根据《公司法》规定的表决程序作出减资的股东会决议。②依法编制资产负债表及财产清单。③在作出减资决议之日起十日内通知债权人,并于三十日内登报公告。④提供公司债务清偿或者债务担保情况的说明。⑤申请登记机关作出减资变更登记。

若减资发生在公司被起诉之后,股东在减资范围内,对公司债务承担补充责任。例如,上海市第二中级人民法院审理的朱某卿、朱某芳与上海聪某公司公司减资纠纷案【〔2017〕沪02民终7061号】认为:2014年12月8日,国某公司通过关于减资的股东会决议时,聪某公司与国某公司的买卖合同纠纷已经由法院受理,结合该案中的证据及判决结果,足以认定当时聪某公司系国某公司的已知债权人,且国某公司能够有效联系聪某公司。在此情况下,国某公司及朱某卿、朱某芳并未按照法律规定将公司减资事宜通知聪某公司,该减资行为不符合减资的法定程序,也使得聪某公司丧失了在交易方减资前要求其清偿债务或提供担保的权利。对于聪某公司而言,其基于国某公司原注册资本的可信赖利益遭到削减,而减资股东的行为在性质上与抽逃出资基本无异。因此,一审法院判令朱某卿、朱某芳在各自减资范围内对公司的债务承担补充赔偿责任。

对于存在减资的公司,建议相关债权人:

(1)保存相关诉讼证据,及时提起诉讼,确定债权生效判决并申请执行，以便在公司清算或破产时参与公司资产分配。现在网络信息非常发达，企业的未决诉讼、判决都可以通过网络查明，工商税务机关也会参考上述信息，但若未及时提起诉讼，不仅会超过诉讼时效，债务得不到保护，公司在清算注销时也无法获知该笔债务信息。

（2）若被执行人的执行裁定结果未有任何可执行财产。债权人可申请要求法院将对方列入失信人名单，并申请法定负责人、高管进入限制高消费名单，及时督促债务人进行偿还。

（3）及时跟踪被执行人公司信息，若发现出现违法减资、抽逃出资、到期未缴纳出资等情形，可申请要求股东在抽逃、减资范围内对公司债务承担补充赔偿责任。

第三节 总 结

股东出资义务是股东最基本的义务之一，也是股东取得股东资格，行使股东义务的前提，因此，建议股东在公司成立之后即分配好股东之间的出资义务的履行期限，并对不符合出资要求的股东作出限期缴纳、限制分红权等处罚措施，有必要的还可以要求解除股东资格。

因出资义务的不履行导致夫妻承担连带责任的也越来越多。《最高人民法院关于审理涉及夫妻债务纠纷案件适用法律有关问题的解释》规定："夫妻一方在婚姻关系存续期间以个人名义超出家庭日常生活需要所负的债务，债权人以属于夫妻共同债务为由主张权利的，人民法院不予支持，但债权人能够证明该债务用于夫妻共同生活、共同生产经营或者基于夫妻双方共同意思表示的除外。"

因此，股东出资义务被认定为夫妻共同债务的三个标准（时间＋意思＋获益）：

（1）夫妻关系存续期间（时间）：股东出资义务履行期发生在夫妻关系存续期间。

（2）共同意思表示（意思）：夫妻双方对投资公司均知晓，或一方知晓另一方存在投资公司的行为。

（3）用于共同生活（获益）：因经营公司行为而获益，即证明了该投资行为系夫妻共同生活之标准。

总的来说，基于权利和义务对等的前提，一旦股权投资可被认定为夫妻共同财产，则该投资引发的出资义务也会被认定为夫妻共同债务，因此，可以通过否定该投资股权系夫妻共同财产为基础，进而否定该出资义务系夫妻共同债务。如果夫妻双方均为公司经营而担任工作，或投资股东的配偶在公司担任某一职位，或曾经因投资行为夫妻获得公司分红，或能证明夫妻双方系共同生产经营该公司，则该出资义务极有可能被判定为夫妻共同债务。因此，建议夫妻之间做好债权债务的隔离措施。

  股权投资前，建议投资方对股权转让方的注册资本实缴情况予以尽职调查，如果不进行调查或未予以重视的，则由于该股权转让导致的出资义务也将转移至股权受让方。

第三章

股东知情权纠纷

"不参与公司经营的股东最常遇到的情形：钱花完了但公司一片赤字，股东可通过及时行使知情权，了解公司财务账簿信息，以获取进一步要求索赔的证据。"

第一节　股东知情权纠纷的请求权基础

一、理论基础

由于现代公司管理制度分离了公司控制权和实际经营管理权，为防止管理层侵害股东利益，法律明文规定股东享有知情权，有权了解公司的实际情况。

小股东想查账，法院可以支持查哪些账？是审计报告，还是会计报告？可以查原始凭证，还是相关合同？《公司法》第三十三条规定："股东有权查阅、复制公司章程、股东会会议记录、董事会会议决议、监事会会议决议和财务会计报告。"

同时，第三十三条还规定了行使知情权的程序："股东要求查阅公司会计账簿的，应当向公司提出书面请求，说明目的。公司有合理根据认为股东查阅会计账簿有不正当目的，可能损害公司合法利益的，可以拒绝提供查阅，并应当自股东提出书面请求之日起十五日内书面答复股东并说明理由。公司拒绝提供查阅的，股东可以请求人民法院要求公司提供查阅。"因此，股东行使知情权应当：①书面请求公司提供；②公司拒绝提供的才可寻求司法救济，这也是法律赋予公司治理自主权的前置程序，只有公司内部救济无效后，股东才能依据此向人民法院要求公司履行知情权义务。

此类知情权诉讼，法院大都以优先保障小股东知情权为裁判准则，唯一例外的是，股东身份若被质疑，则知情权请求将被予以否定。

二、法律规范梳理

1.《中华人民共和国公司法》(2018年)

第三十三条　股东有权查阅、复制公司章程、股东会会议记录、董事会会议决议、监事会会议决议和财务会计报告。

股东可以要求查阅公司会计账簿。股东要求查阅公司会计账簿的，应当向公司提出书面请求，说明目的。公司有合理根据认为股东查阅会计账簿有不正当目的，可能损害公司合法利益的，可以拒绝提供查阅，并应当自股东提出书面请求之日起十五日内书面答复股东并说明理由。公司拒绝提供查阅的，股东可以请求人民法院要求公司提供查阅。

第九十七条　股东有权查阅公司章程、股东名册、公司债券存根、股东大会会议记录、董事会会议决议、监事会会议决议、财务会计报告，对公司的经营提出建议或者质询。

2.《最高人民法院关于适用〈中华人民共和国公司法〉若干问题的规定（四）》(2020年)

第七条　股东依据公司法第三十三条、第九十七条或者公司章程的规定，起诉请求查阅或者复制公司特定文件材料的，人民法院应当依法予以受理。

公司有证据证明前款规定的原告在起诉时不具有公司股东资格的，人民法院应当驳回起诉，但原告有初步证据证明在持股期间其合法权益受到损害，请求依法查阅或者复制其持股期间的公司特定文件材料的除外。

第八条　有限责任公司有证据证明股东存在下列情形之一的，人民法院应当认定股东有公司法第三十三条第二款规定的"不正当目的"：

（一）股东自营或者为他人经营与公司主营业务有实质性竞争关系业务的，但公司章程另有规定或者全体股东另有约定的除外；

（二）股东为了向他人通报有关信息查阅公司会计账簿，可能损害公司合法利益的；

（三）股东在向公司提出查阅请求之日前的三年内，曾通过查阅公司会计账簿，向他人通报有关信息损害公司合法利益的；

（四）股东有不正当目的的其他情形。

第十条　人民法院审理股东请求查阅或者复制公司特定文件材料的案件，对原告诉讼请求予以支持的，应当在判决中明确查阅或者复制公司特定文件材料的时间、地点和特定文件材料的名录。

股东依据人民法院生效判决查阅公司文件材料的，在该股东在场的情况下，可以由会计师、律师等依法或者依据执业行为规范负有保密义务的中介机构执业人员辅助进行。

第十一条　股东行使知情权后泄露公司商业秘密导致公司合法利益受到损害，公司请求该股东赔偿相关损失的，人民法院应当予以支持。

根据本规定第十条辅助股东查阅公司文件材料的会计师、律师等泄露公司商业秘密导致公司合法利益受到损害，公司请求其赔偿相关损失的，人民法院应当予以支持。

三、实务诉讼请求

股东知情权纠纷之诉的目的在于通过行使知情权来了解公司的实际情况、账簿、原始会计凭证，以此来检查公司股东、高级管理人员是否存在侵害公司利益之行为，并根据查询结果决定之后的诉讼方案。因此，股东知情权之诉的诉讼请求一般比较固定，即在公司法及司法解释的范围内，行使股东知情权。法院一般会判决在何时、何地、何种方式允许股东行使相应的知情权，并明确列出知情权的范围。如有需要委托会计师或律师参与查阅的，也应当在诉讼请求中予以明确。

司法判例中，股东知情权之诉法院判决列举：

法院判决结果如下：一是北京某某公司于判决生效后十日内，在其经营场所置备自2008年1月7日至今的企业章程、股东及职工代表大会决议和企业财务会计报告供原告查阅、复制；二是北京某某公司于判决生效后十日内，在其经营场所置备自2008年1月7日至今的会计账簿及会计凭证（包括原始凭证、记账凭证）提供给原告查阅，原告在场的情况下，其委托的注册会计师可以辅助查阅。

法院判决结果如下：一是被告某某有限公司于本判决生效之日起十日内，将2012年10月22日至2017年3月22日的公司章程、股东名册、股东大会会议记录、董事会会议决议、监事会会议决议和财务会计报告置于住所地，供原告查阅，该材料由原告在被告公司正常营业时间内查阅，查阅时间不得超过十个工作日；二是驳回原告的其他诉讼请求。

法院判决结果如下：一是本判决生效后十日内，被告某某公司将2010年8月19日至2017年7月25日的财务会计报告置备于河南某某公司住所地内，供原告查阅、复制；二是本判决生效后十日内，被告河南某某公司将2010年8月19日至2017年7月25日的会计账簿（含总账、明细账、日记账和其他辅助性账簿）置备于河南某某公司住所内，供原告查阅；三是驳回原告马兰的其他诉讼请求。

法院判决结果如下：被告四川省某某公司在本判决书生效之日起十日内，将2014年1月1日至2016年11月15日的财务会计报告置于公司办公场所，供原告查阅、复制，将2014年1月1日至2016年11月15日的财务会计账簿置于公司办公场所，供原告查阅。案件受理费200元，减半收取100元，由被告四川省某某公司承担。

第二节 股东知情权纠纷的主要问题及实务指南

一、股东行使知情权可以要求查阅或复制的范围

股东知情权作为股东的一项基本权利，在《公司法》的修订过程中，经历了从无到由，从"粗""泛"到"精""细"的演变过程。

1993年，《公司法》规定"股东有权查阅股东会会议记录和公司财务会计报告"。

2005年，《公司法》对股东知情权进行了较大范围调整，规定"股东有权查阅、复制公司章程、股东会会议记录、董事会会议决议、监事会会议决议和财务会计报告"。

上述变化一是扩大了知情权的行使方式，从"查阅"增加为"查阅"和"复制"；二是扩大了知情权的范围，从"股东会会议记录和公司财务会计报告"增加为"查阅、复制公司章程、股东会会议记录、董事会会议决议、监事会会议决议和财务会计报告"。

最新的《公司法司法解释（四）》第七条增加了对特定文件材料的查阅复制权："股东依据公司法第三十三条、第九十七条或者公司章程的规定，起诉请求查阅或者复制公司特定文件材料的，人民法院应当依法予以受理。"

该条款对复制特定文件材料的时间、地点予以明确，并同意股东可以由会计师、律师等依法执业人员进行辅助查阅。可以说，为股东知情权的可操作性和落地实施提供了较大便利。

同时，也针对"不正当目的"行使股东知情权做了界定，对因不当使用知情权而导致商业秘密泄露，公司利益受到损害的赔偿责任予以了规定。

因此，股东知情权的范围包括："查阅、复制公司章程、股东会会议记录、董事会会议决议、监事会会议决议和财务会计报告。"同时，根据我国相关会计准则的要求，允许股东"查阅"（仅限查阅）会计原始凭证。

当股东之间因会计账簿内容的真实性、完整性发生争议时，会计原始凭证应当允许股东查阅。例如，上海市第一中级人民法院审理的上海金某绣品公司诉上海中某公司股东知情权纠纷案【〔2016〕沪01民终71号】认为：股东知情权是股东享有的了解和掌握公司经营管理等重要信息的权利，是股东依法获取资产收益、参与重大决策和选择管理者等权利的重要基础。本案中，中某公司要求查阅金某公司自2015年4月至2015年7月的会计原始凭证。对此，本院认为，会计原始凭证系记账的主要依据，当股东与公司之间因会计账簿内容的真实性、完整性发生争议时，会计原始凭证是必不可少的判断标准。中某公司作为金某公司的股东，与金某公司之间因股东知情权纠纷，屡经诉讼。中某公司已依照《公司法》的规定提出书面请求并说明了正当目的，因而其查阅权利的范围应包含会计原始凭证。

二、公司能否拒绝股东行使知情权

知情权是一项基本的股东权利，通常情况下，公司不得以未实缴出资、存在不正当目的、仅为挂名股东、财务账簿毁损等理由进行抗辩。

究其原因，知情权作为一项最基本的权利，若无法保障，则会使股东丧失其他的救济渠道和信息。即便是作为股东存在"不正当目的"，也可以依据《公司法司法解释（四）》产生了损失之后，再要求股东予以赔偿。

1. 公司可以以股东从未实际出资为由，否认股东行使知情权吗

上海市第二中级人民法院审理的上海某环境公司与张某股东知情权纠纷案【〔2019〕沪02民终11649号】认为：现张某为公司登记的股东，依法享有相应的股东权利。上海某环境公司虽主张张某未履行实际出资义务，但其

并未提供张某的出资义务已到期及不应作为登记股东的相关证据，故对该主张本院不予采信。

上海市第二中级人民法院审理的上海某包装公司与曹某股东知情权纠纷案【〔2020〕沪02民终799号】认为：根据查明的事实，被上诉人系上诉人登记在册的股东，理应享有法律赋予股东的相应权利。现被上诉人主张行使股东知情权，具备事实及法律依据。上诉人以被上诉人未出资为由，否认被上诉人的股东身份，进而主张被上诉人无权行使股东知情权。然而，被上诉人已在一审中提供了验资报告等证据，证明其已经履行了出资义务，上诉人未能举证被上诉人存在出资不实或抽逃出资的情形，也未尝通过诉讼的方式否定被上诉人的股东身份，故本院对上诉人前述抗辩意见难以采信。

2. 公司可以以股东存在"不正当目的"为由，拒绝提供公司资料吗

上海市第二中级人民法院审理的上海新某公司与赵某股东知情权纠纷案【〔2020〕沪02民终675号】认为：股权转让价格的确定需基于受让人一定程度上了解目标公司的经营状况。而现阶段，赵某与某资本的交易仅处于询价阶段，并未签订股权转让协议，亦未涉及具体交易金额，新某公司认为赵某有意通过签订阴阳合同的方式侵害其他股东的优先购买权，但并未对该主张提供证据进行佐证。新某公司并未提供证据证明查账行为具有不正当目的，从而损害新某公司的利益，故新某公司不能拒绝赵某行使股东知情权。

上海市第二中级人民法院审理的上海某环境公司与张某股东知情权纠纷案【〔2019〕沪02民终11649号】认为：《公司法司法解释（四）》第八条规定，"不正当目的"是指："（一）股东自营或者为他人经营与公司主营业务有实质性竞争关系业务的，但公司章程另有规定或者全体股东另有约定的除外；（二）股东为了向他人通报有关信息查阅公司会计账簿，可能损害公司合法利益的；（三）股东在向公司提出查阅请求之日前的三年内，曾通过查阅公司会计账簿，向他人通报有关信息损害公司合法利益的；（四）股东有不正当目的的其他情形。"公司未提供证据证明张某自营与公司主营业务有

实质性竞争关系的业务；其次，虽然一鉴塘公司同上海某环境公司的经营范围有部分相同，但存在较大差异，且公司未提供证据证明两家公司存在实质性竞争关系。上海某环境公司认为张某、付某某先后从其处离职，付某某离职后成为一鉴塘公司股东，且二人关系密切，张某是为了向付某某通报上海某环境公司的商业秘密信息才行使股东知情权。这仅是上海某环境公司的推测，并未提供相应的证据加以证明。综上，不能认定张某行使知情权具有不正当目的。

3. 公司可以以工商登记股东并非实际股东为由，拒绝履行股东知情权吗

上海市第一中级人民法院审理的上海金属公司与高某某股东知情权纠纷案【〔2020〕沪01民终434号】认为：上海金属公司称工商登记的股东信息与事实不符，判断高某某是否为上海金属公司股东应以事实为准。2012年5月，高某某向上海金属公司的法定代表人张某出让持有的50%股权，两个人对上海金属公司的资产进行分割并就上述情况达成口头协议，至此高某某退出上海金属公司并以此为由拒绝于2012年12月27日认缴第二期出资，拒绝配合办理工商变更登记手续。本院认为，上海金属公司提供的股权转让协议及承诺书、公司章程、股东会决议及验资报告等证据无法证明其主张的事实，反而与高某某的陈述相吻合。从上述证据可见，高某某自2010年12月22日从案外人处受让股权成为上海金属公司的股东，并于2012年12月27日通过银行向上海金属公司转账支付出资款20万元完成验资，履行了股东义务。上海金属公司先否认高某某通过受让股权获得股东资格，后又表示高某某与张某口头达成退股协议并分割资产，其陈述自相矛盾，真实性存疑。在股权出让方未就此提出异议、从高某某处取回股权前，高某某在法律上仍系上海金属公司的股东，上海金属公司无权以此为由否认其股东身份。综上，本院认为高某某自2010年12月22日起至今系上海金属公司的股东，有权依法向上海金属公司主张股东知情权。

4. 公司不得以财务账簿已经毁损或不能提供为由，拒绝履行股东知情权

上海市静安区人民法院审理的张某玉与上海明某公司股东知情权纠纷案【〔2016〕沪0108民初3229号】认为：知情权是股东的一项重要权利。本案中，原告作为被告的股东，当然享有知情权。根据既已查明的事实，原告已向被告提出查阅申请，并表达了目的是了解经营状况。原告已履行了查阅公司会计账簿的前置程序，故原告诉请，并无不当，应予支持。本案审理中，被告虽未明确表示拒绝原告查阅会计账簿，但辩称因陆某拒不向公司移交财务账册报表及财务印鉴等，被告现在无法提供账务报表、会计账簿及全部的会计凭证。对此，本院认为，被告的辩称不构成阻止原告行使相应股东知情权的合理理由，本院不予采纳。

三、股东行使股东知情权应注意的程序问题

《公司法》第三十三条规定："股东可以要求查阅公司会计账簿。股东要求查阅公司会计账簿的，应当向公司提出书面请求，说明目的。公司有合理根据认为股东查阅会计账簿有不正当目的，可能损害公司合法利益的，可以拒绝提供查阅，并应当自股东提出书面请求之日起十五日内书面答复股东并说明理由。公司拒绝提供查阅的，股东可以请求人民法院要求公司提供查阅。"

虽然《公司法》赋予了股东查阅权的诉权，但是应当注意起诉的前置程序，即书面请求公司查阅被拒绝后，才可向人民法院提起诉讼。

例如，上海市第二中级人民法院审理的上海某电子公司与施某股东知情权纠纷案【〔2020〕沪02民终1272号】认为：关于施某是否履行了股东知情权的前置程序问题。现上海某电子公司无证据证明其法定代表人无权代表其接收施某的查账申请，故在施某已向上海某电子公司及其法定代表人发出查账申请并确认真实意思表示与查账目的的情况下，应当认定施某已完成了

符合股东知情权相关法律规定的前置程序。

  同时，在必要的情况下，法院允许当事人聘请专业人员辅助查阅，但应明确在诉讼请求中。如上海市第一中级人民法院审理的上海格某公司与赵某股东知情权纠纷案【〔2019〕沪01民终15958号】认为：赵某提出要求委托专业人员协助其查阅，该主张符合法律规定，若赵某依据本判决查阅上述资料，在赵某在场的情况下，可以由其委托的会计师、律师等中介机构执业人员辅助进行。

第三节 总 结

第一，在无额外约定的情形下，有限公司股东知情权的范围分为两类：一类是允许查阅和复制的文件，包括"公司章程、股东会会议记录、董事会会议决议、监事会会议决议、财务会计报告"；另一类只允许查阅不能复制，即会计账簿，会计账簿包括原始记账凭证，且不包括相关合同。

第二，鉴于《公司法》仅限股东查阅会计账簿而非复制，股东就算真的查阅了也因为不懂财务知识无法识别会计账簿中的"瑕疵"。因此，笔者建议，公司章程中可以约定更为宽泛的知情权范围，以及同意股东聘请专业人士如会计师、律师共同查阅、复制会计账簿，并明确该费用的分担方式。这类约定视为股东之间意思自治，司法中一般倾向支持该意思自治。

第三，就司法判例数据来看，知情权作为一项基础性的股东权利，基本上都会被法院支持。只是在某些案件中，公司会进行举证股东有不正当目的或可能涉嫌泄露商业秘密的抗辩，而法官大多以"未实际发生该损失""可以寻求其他救济途径"驳回公司的抗辩理由。

第四，知情权作为股东的基本权利之一，诉讼成本和举证责任相对较低。行使知情权之诉，不是股东保护的终点而是起点，如果查阅到相关信息可能证明某股东或高管涉嫌损害公司利益或股东利益，则应当进一步提起损害公司利益赔偿之诉，以达到保护股东利益的最终目的。

第四章
公司证照返还纠纷

"中国自古以来的'玉玺'文化形成了股东对'公章'的极度重视,企业内谁掌握公章几乎就掌握了公司的实际控制权。对公章证照的争夺发起诉讼,实际反映了公司控制权的激烈冲突。"

第一节　公司证照返还纠纷的请求权基础

一、理论基础

公司证照对外代表着公司的意志，是公司作为拟制人的外观体现。因公司证照返还引发的纠纷，表面上是返还证照等原物，但实质上往往涉及公司内部治理中对公司控制权的争夺。

通常情况下，公司证照返还纠纷多发生于公司相关人员出现变化后，以前有权保管公司证照的人员发生任免变化，此时应当将公司证照返还给公司。如果相关人员不履行义务，则发生公司证照返还纠纷。

二、法律规范梳理

1.《中华人民共和国公司法》(2018年)

第十三条　公司法定代表人依照公司章程的规定，由董事长、执行董事或者经理担任，并依法登记。公司法定代表人变更，应当办理变更登记。

第三十七条　股东会行使下列职权：

（一）决定公司的经营方针和投资计划；

（二）选举和更换非由职工代表担任的董事、监事，决定有关董事、监事的报酬事项；

（三）审议批准董事会的报告；

（四）审议批准监事会或者监事的报告；

（五）审议批准公司的年度财务预算方案、决算方案；

（六）审议批准公司的利润分配方案和弥补亏损方案；

（七）对公司增加或者减少注册资本作出决议；

（八）对发行公司债券作出决议；

（九）对公司合并、分立、解散、清算或者变更公司形式作出决议；

（十）修改公司章程；

（十一）公司章程规定的其他职权。

第四十六条　董事会对股东会负责，行使下列职权：

（一）召集股东会会议，并向股东会报告工作；

（二）执行股东会的决议；

（三）决定公司的经营计划和投资方案；

（四）制订公司的年度财务预算方案、决算方案；

（五）制订公司的利润分配方案和弥补亏损方案；

（六）制订公司增加或者减少注册资本以及发行公司债券的方案；

（七）制订公司合并、分立、解散或者变更公司形式的方案；

（八）决定公司内部管理机构的设置；

（九）决定聘任或者解聘公司经理及其报酬事项，并根据经理的提名决定聘任或者解聘公司副经理、财务负责人及其报酬事项；

（十）制定公司的基本管理制度；

（十一）公司章程规定的其他职权。

2.《中华人民共和国物权法》（2007.10）

第三十四条　无权占有不动产或者动产的，权利人可以请求返还原物。

3.《中华人民共和国民法总则》（2017.10）

第六十一条　依照法律或者法人章程的规定，代表法人从事民事活动的负责人，为法人的法定代表人。法定代表人以法人名义从事的民事活动，其法律后果由法人承受。法人章程或者法人权力机构对法定代表人代表权的限制，不得对抗善意相对人。

4.《中华人民共和国民法典》（2021.1.1）

第六十一条　依照法律或者法人章程的规定，代表法人从事民事活动的负责人，为法人的法定代表人。法定代表人以法人名义从事的民事活动，其法律后果由法人承受。法人章程或者法人权力机构对法定代表人代表权的限制，不得对抗善意相对人。

第二百三十五条　无权占有不动产或者动产的，权利人可以请求返还原物。

三、实务诉讼请求

公司证照返还之诉的目的在于通过要求非法占有人返还公司证照来恢复公司正常的经营控制权，并以此重新设置公司内部制衡模式。因此，该诉求一般为法院判令被告于何时返还公司营业执照原件、公章、财务U盾等内容。

司法判例中，公司证照返还之诉法院判决列举：

法院判决结果如下：被告于本判决生效之日起十日内返还原告上海某某有限公司营业执照及公章。

法院判决结果如下：一是限被告谭某于本判决生效之日起三日内向原告返还公司公章、证照（交由现任法定代表人杨某收执），并协助办理原告法定代表人的变更登记手续；二是驳回原告其他诉讼请求。

法院判决结果如下：一是被告廖某应将第三人某某公司的证照、印章（公章、财务专用章、法定代表人姓名章、发票专用章、企业法人营业执照、税务登记证）以及财务资料［会计账簿和原始凭证、空白发票、报税设备、网银U盾（计有柳州银行的1个、建行的2个、农信社的1个、工行的1个、中行的1个）］重置于公司的行政办公场所之内；二是驳回原告的其他诉讼请求。

　　法院判决结果如下：一是被告张某某应于本判决生效之日起十日内，向原告返还公司公章、法定代表人章；二是被告张某某应于本判决生效之日起十日内，向原告公司返还公司营业执照正本、副本、组织机构代码证正本、副本、IC卡；三是被告张某某应于本判决生效之日起十日内，向原告公司返还批准号为商外资沪合资字〔2013〕1775号中华人民共和国台港澳侨投资企业批准证书、许可证编号为××××××××××××××食品流通许可证。

第二节　公司证照返还纠纷的主要问题及实务指南

一、关于证照的保管主体问题

谈到公司证照返还纠纷，首先要了解公司证照的所有权是谁，保管权又由谁享有。

根据《民法典》的规定和基本原则，公司证照属于公司财产，因此，公司证照，包括财务U盾，营业执照正副本、公章、财务印章等所有权归属于公司，这一点是毋庸置疑的。《民法典》第二百三十五条规定："无权占有不动产或者动产的，权利人可以请求返还原物。"因此，公司具有提起公司证照返还之诉的原告资格。

1.公司股东会有权决定公司证照的保管权

公司是拟定法人，其对外作出意思表示及行为均依赖于实际生活中的"人"。既然公司证照的所有权归属于公司，公司股东会有权对证照的保管人和保管方式作出约定，这种约定可以在章程中约定，也可由股东会决议确定。

例如，上海市第二中级人民法院审理的张某与上海港某家具有限公司证照返还纠纷案【〔2016〕沪02民终6268号】认为：公司因开展经营活动依法刻制的公章、财务U盾等属于公司财产，对此享有占有和使用的权利，他人不得侵犯。张某虽然基于合作协议赋予的保管权可以要求徐某返还公司证照、印章等，但并不能以此否定港某公司的所有权。港某公司于2017年11月21日召开临时董事会，形成董事会决议，决定由朱某保管、使用公司证照、印章，在该决议的效力尚为有效并未被否定的情况下，港某公司已对公司证照、印章的保管、使用作出了意思表示，应依此执行。

2. 无公司章程或股东会约定情况下，法定代表人享有当然的保管权

《民法典》第六十一条规定："依照法律或者法人章程的规定，代表法人从事民事活动的负责人，为法人的法定代表人。法定代表人以法人名义从事的民事活动，其法律后果由法人承受。法人章程或者法人权力机构对法定代表人代表权的限制，不得对抗善意相对人。"

根据上述法律规定，法定代表人通常对外代表公司意思表示，公司证照如无特别约定的，亦属于法定代表人保管，如其他人需要保管的，可以通过公司授权的方式改变。例如，公司法定代表人服刑期间，无法进行公司对外经营行为的，法院可以判决要求强制返还公司证照。例如，上海市第一中级人民法院审理的范某诉上海浦某公司公司证照返还纠纷案【〔2019〕沪01民终1040号】认为：一是范某目前不是浦某公司的法定代表人，且在服刑期间，不能负责浦某公司的经营管理，故一审法院认为，范某应当返还浦某公司用于经营的财物并无不当，本院予以认同。二是本案现有证据可以证明浦某公司公章由其妻子掌管，故范某称其不知公章、合同专用章和营业执照正本去向的主张，本院难以采信。

3. 法定代表人发生变更的，原法定代表人有义务返还证照

若法定代表人发生变更，公司股东会选举了新的执行董事担任法定代表人，则原执行董事保管权的基础已经不存在，因此负有证照返还的义务。例如，上海市第二中级人民法院审理的陈某与上海上器公司公司证照返还纠纷案【〔2012〕沪二中民四（商）终字第187号】认为：系争临时股东会决议符合法律和章程的规定，应为合法、有效的决议。上器公司在执行董事发生变更后，为公司经营之需要求陈某返还相关证照亦于法有据，原审法院据此判决陈某予以返还在认定事实和适用法律方面是正确的，本院予以维持。

上海市第一中级人民法院审理的顾某诉八某公司证照返还纠纷案【〔2018〕

沪01民终8084号】认为：杨某系八某公司持有98%股权的大股东，其有权提请召开临时股东会。根据已查明的事实，杨某召集、主持召开了八某公司2016年6月13日临时股东会，并作出决议符合八某公司章程及《公司法》的相关规定。该临时股东会通知及会议决议均已有效送达了八某公司另一股东上海某某公司。因此，上述临时股东会作出的变更八某公司董事长及法定代表人为杨某的决议具有法律效力。杨某作为八某公司法定代表人有权代表八某公司的意志提起本案诉讼。关于争议焦点之二，公司具有独立的财产权利，有权决定其公司公章、证照的使用权。鉴于公司公章通常由其法定代表人保管，而顾某已不再担任八某公司法定代表人，故八某公司有权要求其返还公司公章。

实际控制人亦不能以公司财产属于其所有，要求有权保管公司证照，公司要求其返还须进一步提供证据。例如，上海市第一中级人民法院审理的上海铭某公司诉姚某公司证照返还纠纷案【〔2017〕沪01民终14862号】认为：第一，从举证责任角度看，现铭某公司诉请姚某返还系争证照，其应当举证证明系争证照由姚某实际占有并控制的事实，但铭某公司并未提供任何证据，故原告应当承担举证不能的不利后果。第二，从法院审查角度看，在公司经营过程中，公司证照通常由公司专门机关或人员保管，因此，法院应当对是否实际占有或依据相关内部文件占有公司证照进行实质审查，不宜以公司整体控制权的判断代替对证照控制及占有的认定。原因有二：其一，公司内部管理实际情况通常比较复杂，且公司控制权的争夺亦错综复杂，公司证照可能保管于不同的机构与个人手中，难以推定全部由公司实际控制人控制及占有；其二，系争证照虽然特殊，但仍属物的范畴，存有具体形态，亦存在遗失或灭失的可能，如无证据，而直接推定公司实际控制人实际控制或占有系争证照，显然有失公平。本案中，姚某仅系铭某公司原法定代表人，尚无证据证明其是实际控制人，在无证据证明的情况下，更不能推定系争证照由其实际控制及占有。

二、公司证照返还之诉的程序问题

1. 证照公章缺失时，以谁为原告

公司是企业法人，其合法权益受法律保护不受侵犯，公司的证照、印章被他人侵占时，公司有权以原告名义进行起诉。当公司公章被他人侵占、对外签订委托授权书等诉讼资料时，法定代表人作为公司对外意志的体现，可以用法定代表人签字的方式予以实现。若出现侵占人为法定代表人本人，公司应当及时召开股东会或董事会，选举新的法定代表人，以新的法定代表人代表公司要求侵占人返还。

2. 公司证照、印章无法查明谁保管，以谁为被告

根据民事证据规则，谁主张，谁举证。若要证明公司证照、印章由他人侵占，须提供合理证明事由，证明确实存在他人占有的事实。若公司章程或股东决议约定由某人保管，则该保管人即实际占有人。

例如，上海市第一中级人民法院审理的王某诉雷某公司公司证照返还纠纷案【〔2017〕沪01民终4938号】认为：二审的争议焦点为王某是否需要向雷某公司上海代表处返还登记证及公章。涉案公司章程第19条约定："公司印章应由董事会保管，并且未经董事会授权不得使用。"2014年11月24日，经香港注册处登记，王某不再担任涉案公司候补董事职务，梁某为该公司唯一董事。故雷某公司有权要求王某返还涉案公章及登记证。王某提出的要求本案中止审理的理由，经审查亦不能成立。综上所述，王某的上诉请求不能成立，应予驳回。

若未约定的，则根据企业经营的实际情况，判断证照由谁实际掌握和占有。由于公司证照属于日常经营的重要材料，股东之间的约定和日常实际使用将作为法官判断占有事实的考量。这里要注意下，公司股东并不能成为法定的证照保管人，因为股东财产和公司财产是相互独立的，股东不能以公司财产系股东财产为由，要求保管公司证照。

例如，上海市第一中级人民法院审理的叶某诉上海德某公司公司证照返还纠纷案【〔2018〕沪01民终5752号】认为：德某公司的印章、证照及开户许可证、现金支票、银行U盾、报税U盾、公积金U盾、开具支票的密码器等均属该公司财物，应由该公司指定的或负有相应职责的人员保管。叶某系公司股东和监事，并无保管上述公司财物的法定权利。叶某保管上述公司财物亦无约定依据。故德某公司要求叶某返还上述公司财物，应予支持。叶某主张，因德某公司已被判决准予解散，其为维护自身权益，有必要暂时保管系争财物以待公司成立清算组，但叶某该主张缺乏法律依据，应不予支持。

3. 若公司证照出现盗窃、不明失踪等情形，如何尽快降低不良影响

第一，及时登报公示，防止不法侵占人以公司名义对外签订合同。

第二，及时报案，并调取监控录像，做好证据保全。

第三，若涉嫌股东之间纠纷，及时请律师咨询，避免不必要风险。

关于保管义务人保管不善，丢失证照，是否可以拒绝返还公司证照。司法审判实务中，倾向认为，保管义务人有妥善保管证照的义务，即便因保管不善而丢失，亦不能免除。

例如，上海市第一中级人民法院审理的上海浩某公司诉储某公司证照返还纠纷案【〔2018〕沪01民终6491号】认为："浩某公司作为权利人可以请求储某返还浩某公司公章、营业执照、税务登记证、代码证、财务章、法人章、法人一证通U棒及银行支付密码器、网银U盾、2014年3月至2016年4月的公司会计账册及原始凭证，本院予以支持。储某还自认因搬迁时其管理不善，致使案涉公司资料遗失，主张客观上无法返还。本院认为，该理由不能免除其对上述原物的返还责任。"

但这类判决笔者认为执行方面有一些问题。如真的因保管不善，执行要求保管人强制返还，势必无法履行，而保管人只能被列入执行"黑名单"，有所不妥。其实，保管丢失的问题很好解决。登报公示后，作废处理。然后公司到工商局办理新的证照，并备案即可。但考虑到公司可能存在外部债权人，或有他人涉嫌利用该证照与善意第三人交易。该诉讼的效果便于外部第三人识别并防范公司真假印章可能带来的纠纷，减少公司因"假章"被"判"承担法定责任的可能性。

第三节 总 结

在公司证照返还之诉中，首先要确认谁是证照保管义务人，负有保管义务的，通常就会被法院认可为返还义务主体。如公司章程或股东决议对该保管有约定的，则该义务人承担返还义务；如没有约定的，法官通常会考虑该类物品在实践中通常的使用情况分别加以判断，如法定代表人通常对外代表公司签章，因此，公章、法定代表人名章应推定属于法定代表人保管；财务章、合同章、财务U盾、网银等资料往往推定为公司财务负责人或经办人员保管，因此公司财务总监、负责人等也负有相应返还义务。除非有相反事实证据可以推翻。

因此，为了防止公司因控制权争夺或股东之间权利侵害，应当设立规范化的公司治理体制，明确印章保管制度，注意以下几点：

第一，规范公司治理，明确证照、印章的保管制度和出借制度，责任落实到人，以免出现因公章丢失或随意使用造成股东、公司利益受损的情况。

第二，出现股东或董事、监事，利用大股东控股地位侵害小股东利益，可要求返还证照、印章，或提起侵害股东利益之诉。

第三，若出现长期无法召开股东会议、公司僵局、公司股东之间无法就证照保管、经营管理达成一致意见，小股东可寻求其他公司诉讼途径。

第五章
公司盈余分配纠纷

"股东创办公司的根本目的是为了获取盈利,股东的盈利分配请求权如果被大股东控制,恶意不分或少分,应当对小股东分配红利的请求予以救济。"

第一节　公司盈余分配纠纷的请求权基础

一、理论基础

"公司",即以营利为目的的社团法人,"营利性"是公司最基本的目标之一。《民法典》第七十六条规定:"以取得利润并分配给股东等出资人为目的成立的法人,为营利法人。"因此,《公司法》赋予股东的一项最基本的权能,即利润分配请求权。

《公司法》第四条规定:"公司股东依法享有资产收益、参与重大决策和选择管理者等权利。"第三十四条规定:"股东按照实缴的出资比例分取红利;公司新增资本时,股东有权优先按照实缴的出资比例认缴出资。但是,全体股东约定不按出资比例分取红利或者不按照出资比例优先认缴出资的除外。"

然而,《公司法》中规定的股东利润分配决策权,须通过股东决定。股东的财产,独立于公司财产。即便公司存在利润,股东请求公司分配利润还须股东会决议同意,并按照《公司法》的法定程序进行分配。

因此,股东究竟能以何种方式要求分配利润,公司盈余分配请求权如何实现,就成为股东最关心的话题之一。

在实践中,笔者曾接到咨询,如公司年报每年都有盈余,但拒不开会分配红利;或者公司仅按照最低标准分配红利,作为小股东如何享有话语权?如果出现控股股东滥用控股权,长期占用公司巨额盈余不予分配,可以要求强制分配吗?

公司盈余分配请求权这一制度紧紧围绕上述问题,对公司盈余分配条件、行使程序、特殊情况的司法干涉都予以了规定。

二、法律规范梳理

1.《中华人民共和国公司法》(2018年)

第四条　公司股东依法享有资产收益、参与重大决策和选择管理者等权利。

第三十四条　股东按照实缴的出资比例分取红利；公司新增资本时，股东有权优先按照实缴的出资比例认缴出资。但是，全体股东约定不按照出资比例分取红利或者不按照出资比例优先认缴出资的除外。

第三十七条　股东会行使下列职权：（六）审议批准公司的利润分配方案和弥补亏损方案。

第四十六条　董事会对股东会负责，行使下列职权：（五）制订公司的利润分配方案和弥补亏损方案。

第七十四条　有下列情形之一的，对股东会该项决议投反对票的股东可以请求公司按照合理的价格收购其股权：

（一）公司连续五年不向股东分配利润，而公司该五年连续盈利，并且符合本法规定的分配利润条件的；

（二）公司合并、分立、转让主要财产的；

（三）公司章程规定的营业期限届满或者章程规定的其他解散事由出现，股东会会议通过决议修改章程使公司存续的。

自股东会会议决议通过之日起六十日内，股东与公司不能达成股权收购协议的，股东可以自股东会会议决议通过之日起九十日内向人民法院提起诉讼。

第一百六十六条　公司分配当年税后利润时，应当提取利润的百分之十列入公司法定公积金……公司弥补亏损和提取公积金后所余税后利润，有限责任公司依照本法第三十四条的规定分配……股东会、股东大会或者董事会违反前款规定，在公司弥补亏损和提取法定公积金之前向股东分配利润的，股东必须将违反规定分配的利润退还公司。

2.《最高人民法院关于适用〈中华人民共和国公司法〉若干问题的规定（四）》（2020年）

第十四条　股东提交载明具体分配方案的股东会或者股东大会的有效决议，请求公司分配利润，公司拒绝分配利润且其关于无法执行决议的抗辩理由不成立的，人民法院应当判决公司按照决议载明的具体分配方案向股东分配利润。

第十五条　股东未提交载明具体分配方案的股东会或者股东大会决议，请求公司分配利润的，人民法院应当驳回其诉讼请求，但违反法律规定滥用股东权利导致公司不分配利润，给其他股东造成损失的除外。

3.《最高人民法院关于适用〈中华人民共和国公司法〉若干问题的规定（五）》（2020年）

第四条　分配利润的股东会或者股东大会决议作出后，公司应当在决议载明的时间内完成利润分配。决议没有载明时间的，以公司章程规定的为准。决议、章程中均未规定时间或者时间超过一年的，公司应当自决议作出之日起一年内完成利润分配。

决议中载明的利润分配完成时间超过公司章程规定时间的，股东可以依据民法典第八十五条、公司法第二十二条第二款规定请求人民法院撤销决议中关于该时间的规定。

4.《中华人民共和国民法总则》（2017.10）

第七十六条　以取得利润并分配给股东等出资人为目的成立的法人，为营利法人。

5.《中华人民共和国民法典》（2021.1.1）

第七十六条　以取得利润并分配给股东等出资人为目的成立的法人，为营利法人。

三、实务诉讼请求

公司盈余分配之诉的目的在于通过要求公司履行分配利润的公司决议，或者纠正公司长期不分配利润的情形，从而防止控股股东滥用控制权不分配利润或侵害小股东利益。因此，该诉求一般为法院判令被告于判决生效之日起某日内分配利润，并支付不分配利润的逾期付款利息损失。其他与利润分配无关的诉求建议不要在本案中提，基本都会被法院驳回。

司法判例中，公司盈余分配之诉法院判决列举：

法院判决结果如下：一是被告浙江某某公司于本判决生效之日起五日内支付原告2008年至2016年的公司利润32000元。二是驳回原告洪芳的其他诉讼请求。

法院判决结果如下：一是被告杭州某投资有限公司向原告支付2019年度分红款人民币11750元，于本判决生效后十日内付清。二是被告杭州某投资有限公司向原告赔偿以上述分红款金额为基数自2019年12月2日起至上述分红款付清之日止，按同期全国银行间同业拆借中心公布的贷款市场报价利率计算的逾期付款利息损失，于本判决生效后十日内付清。

法院判决结果如下：被告某某公司于本判决生效之日起十日内向原告支付2011年度分红143万元，并承担该款自2016年11月1日起按同期银行贷款利率计算至判决确定的给付之日止的利息损失。

法院判决结果如下：被告上海某某投资有限公司应于本判决生效之日起十日内给付原告张某某利息损失人民币5104元；被告如果未按本判决指定的期限履行给付金钱义务，应当依照《中华人民共和国民事诉讼法》第二百五十三条之规定，加倍支付迟延履行期间的债务利息。

法院判决结果如下：一是被告山东某某公司给付原告分红款349万元，于本判决生效后十日内履行。二是被告山东某某公司向原告支付逾期付款利息，利息以349万元为基数，自2017年9月22日起至实际给付之日止，按中国人民银行同期贷款基准利率计算。三是驳回原告某某的其他诉讼请求。

第二节　公司盈余分配纠纷的主要问题及实务指南

一、公司盈余分配纠纷的实质要件

《公司法》第一百六十六条："公司分配当年税后利润时，应当提取利润的百分之十列入公司法定公积金……公司弥补亏损和提取公积金后所余税后利润，有限责任公司依照本法第三十四条的规定分配……股东会、股东大会或者董事会违反前款规定，在公司弥补亏损和提取法定公积金之前向股东分配利润的，股东必须将违反规定分配的利润退还公司。"

总体来看，《公司法》及《公司法司法解释（四）》对公司利润请求分配的问题给予了较为详细的描述，股东请求分配公司利润须具备实质要件和程序要件。

实质要件

①公司当年存在税后利润；②该税后利润已经弥补公司之间的亏损；③该税后利润已经计提法定公积金、任意公积金（如有）。

因此，如果公司存在上述条件，公司即已经满足分配公司盈利的实质条件，"有盈余"。

如股东可通过行使知情权，查看公司财务报告或审计报告，查明公司存在"未分配利润"的，符合公司进行盈余分配的实质条件。例如，湖南省郴州市中级人民法院审理的郴州公司与孙某公司盈余分配纠纷案【〔2019〕湘10民终3095号】认为：湖南金华会计师事务所有限责任公司对郴州公司开发的"君临天下"项目自2009年10月至2017年12月31日财务状况进行审计,审计报告结论显示,截至 2017 年 12 月 31 日,郴州公司未分配利润 106583048.92 元;2018 年 1 月 1 日至 2019 年 2 月 28 日,商品房实际经营收入 388493643.1 元及可实现净利润 151838195.55 元。因此,认定公司"君临天下"项目存在可分配的利润,具备利润分配的前提要件。

若股东无法查明公司财务报告的,应当先行使股东知情权,首先证明公司存在"未分配利润的",强制要求法院予以司法审计查明利润的,法院一般不予以支持。例如,上海市第一中级人民法院审理的刘某 1 诉上海某公司公司盈余分配纠纷案【〔2017〕沪 01 民终 11859 号】认为:根据生效判决认定上海某公司认可 2011 年两次分配的利润,刘某 1 根据其持股比例应当享有 14000 元的分红。上海某公司主张其已将上述款项向刘某 1 之父刘某 2 支付,刘某 1 虽对该代收事实予以否认,但未能就刘某 2 受收款项提出合理解释,故一审法院认定上海某公司已支付刘某 1 的 2011 年分红款 14000 元,并无不当。关于司法审计,刘某 1 在上述公司认可的盈余分配之外要求公司分配盈余,应当就上海某公司存在相关利润分配方案提供相应的证据。刘某 1 要求通过司法审计以确定公司利润分配金额的主张,缺乏事实和法律依据,本院不予采纳。

二、公司盈余分配的程序要件

《公司法》第三十四条规定:"股东按照实缴的出资比例分取红利。"第三十七条规定:"股东会行使下列职权:(六)审议批准公司的利润分配方案和弥补亏损方案。"第四十六条规定:"董事会对股东会负责,行使下列职权:(五)制订公司的利润分配方案和弥补亏损方案。"

《公司法司法解释(四)》第十四条规定:"股东提交载明具体分配方案的股东会或者股东大会的有效决议,请求公司分配利润,公司拒绝分配利润且其关于无法执行决议的抗辩理由不成立的,人民法院应当判决公司按照决议载明的具体分配方案向股东分配利润。"

1. 股东请求公司分配盈余的程序要件，即根据《公司法》及公司章程作出股东分配方案的股东决议，该股东决议不存在程序或内容违法的情形

只要有股东利润的分配方案，公司就不得以其他理由拒绝执行该方案。例如，上海市第二中级人民法院审理的上海某某投资公司与张某某公司盈余分配纠纷案【〔2017〕沪 02 民终 10994 号】认为：张某某作为某某公司股东，享有按照其实缴出资比例分取公司利润的权利。虽然股东会决议并未明确分发红利的时间，但在股东会决议作出后，公司已向其他股东分发红利的情况下，拒不向张某某分发红利，显属不当，应当承担迟延发放红利期间的利息损失。

股东间针对未分配利润达成一致合意的，也可以就该部分合意要求公司随时履行分配的义务，但应当给公司一定的准备时间。这符合合同法有关履行期限不明的，可以随时要求履行的法律规定。例如，成都市中级人民法院审理的杨某、金某公司公司盈余分配纠纷案【〔2019〕川 01 民终 2300 号】认为：根据《公司法》规定，有限责任公司股东对公司利润分配以书面形式达成一致意见的，可以不召开股东会，但各股东应在决定文件上签名、盖章。在此情况下，该"决定文件"可认为系有具体分配方案的股东会决议，股东可以依据该决议要求公司分配利润。其次，《未分配利润总汇》载明了利润总金额、已收款利润金额、杨某分配金额以及未回款部分在收到后按照杨某股份比例分配等内容，虽然《未分配利润总汇》未载明分配时间，但杨某可依据该《未分配利润总汇》随时向金某公司、曹某主张权利。

2. 若股东之间未能对盈余分配达成意见的，仅由于公司存在利润亦不得由股东直接要求分配

股东财产独立于公司财产，公司利润亦独立于股东利润，股东能不能分红，能获得多少分红，除了要符合"实质条件"：弥补亏损，提取法定公积金等之外，还应履行公司内部的股东会决策程序。

一些案件中，公司分得了一笔拆迁款，股东不能直接要求公司予以直接分配，这违背了《公司法》有关分配红利的决策程序。例如，上海市松江区人民法院审理的袁某、孙某与上海某某金属品公司盈余分配纠纷案【〔2018〕沪 0117 民初 5076 号】认为：2017 年，上海市长宁区人民法院的生效判决确认被告应获得财产 511.65 万元。原告认为该款属于被告资产，应予分配各股东。法院认为，股份合作制企业章程对企业红利分配有约定的，或企业股东大会对红利分配事项已作出有效决议的，应当按照章程的约定或股东大会的决议予以处理。现被告的企业章程未对分配作出约定，俩原告亦未提交载明具体分配方案的股东决议，且被告举证证明被告目前尚有对外应履行的债务，故俩原告要求被告分配利润的诉讼请求，缺乏事实和法律依据，本院不予支持。

《公司法司法解释（四）》第十五条规定："股东未提交载明具体分配方案的股东会或者股东大会决议，请求公司分配利润的，人民法院应当驳回其诉讼请求。"

如无召开股东会，或未形成统一意见，径直要求法院作出裁判的，法院一般不予以支持。例如，北京第二中级人民法院审理的北京雷某投资管理顾问有限公司与雷某投资有限公司公司盈余分配纠纷案【〔2019〕京 02 民终 11624 号】认为：雷某顾问公司向法院请求分配雷某投资公司利润，需提交载明具体分配方案的股东会或者股东大会决议，或举证证明股东违反法律规定滥用股东权利导致公司不分配利润，给其他股东造成了损失。现雷某顾问公司认可雷某投资公司针对 2016 年度利润分配事项未作出股东会决议，亦未能提供证据证明存在其他股东滥用股东权利导致公司不分配利润，给其他股东造成损失。故雷某顾问公司请求法院分配雷某投资公司利润缺乏事实及法律依据。

三、大股东滥用权利拒不分配的司法救济

如前文所述，如果公司存在盈余分配的实质条件，但苦于股东无法形成

一致的股东会决议分配该利润，该如何救济？一种例外情形，即《公司法司法解释（四）》第十五条"但书"——大股东滥用股东权利不分配给其他股东造成损失的，即可申请法院强制分配。

1. 大股东滥用股东权利将公司利润转移，虽然不存在分配利润决议，亦可请求分配利润

如果公司在经营中存在可分配的税后利润，有的股东希望将盈余留作公司经营，有的股东则希望及时分配，因此，即使股东会或股东大会未形成盈余分配的决议，对股东的利益不会发生根本损害，原则上这种冲突属于公司自治范畴，是否进行公司盈余分配及分配多少，应当由股东会自行决定。但是，当部分股东私自分配利润、隐瞒或转移公司利润时，则会损害其他股东的实体利益，若司法不加以适度干预有违司法正义。《公司法司法解释（四）》第十五条规定："股东未提交载明具体分配方案的股东会或者股东大会决议，请求公司分配利润的，人民法院应当驳回其诉讼请求，但违反法律规定滥用股东权利导致公司不分配利润，给其他股东造成损失的除外。"如果公司大股东滥用权利将公司利润转移，势必不会形成分配利润的决议，此时，小股东就可以用"但书"条款，要求法院强制分配利润。

2. 控股股东将资金大额拆借给关联企业导致无法分配公司利润的，构成股东滥用权利，应当分配公司盈余

由于控股股东在股东会召开、决议形成、执行分配过程中具有较大话语权，公司账户被控股股东操控的事情亦很常见。若控股股东违反《公司法》有关关联交易禁止性原则，将大额资金拆借给关联企业，导致公司受损的，其他股东有权要求公司强制分配利润。

如湖南省郴州市中级人民法院审理的郴州房地产公司与孙某公司盈余分配纠纷案【〔2019〕湘10民终3095号】认为：根据审计报告显示，三个公司与郴州公司有大额资金拆借、往来，其中郴州公司法定代表人傅某亦是厦门华某公司控股股东及法定代表人，其通过厦门华某公司或本人分别持股厦门大都公司、湖南高峰公司等。据此会计准则可以认定，厦门华某公司、厦门大都公司、厦门瑞城公司等与郴州公司构成关联方，它们之间发生的资金往来形成关联交易。根据审计报告显示，上述多次、反复的关联交易资金巨大，致郴州公司部分大额资金至今没有收回，且在这些资金往来的使用上，厦门华某公司、郴州瑞锦公司、厦门大都公司利用大股东控股地位，将郴州公司资金用于其关联方的开发项目使用，属于关联交易，该关联交易未经公司股东会决议，违反了《公司法》及公司章程的规定，给公司其他股东造成了损失，属于滥用股东权利行为，符合《公司法司法解释（四）》第十五条但书条款规定应进行强制盈余分配的实质要件。

四、关于公司盈余分配纠纷的其他问题

1. 一定条件下，隐名股东可要求分配利润

公司分配利润的基础之一是，分配对象具有股东资格，如果工商登记股东资格无法证明，则隐名股东资格首先要被公司所认可。因此，隐名股东要求公司分配利润的条件：一是公司认可其具备股东资格；二是公司具有可分配盈余；三是公司股东会依法作出分配盈余的股东决议或者符合强制分配要件。

在"刘某与山东某传媒公司公司盈余分配纠纷〔2019〕鲁01民终9700号"一案中，法院认为：对于刘某的股东资格，某传媒公司虽未进行股东变更登记或记载于股东名册，但当庭认可刘某为其公司持股20%的实际股东，故予以采信。因此，刘某欲使其诉请得到支持，只需证明某传媒公司具有可分配盈余并形成了分配盈余的股东会决议。

本案中，某传媒公司提交的2018年3月16日签订的股权代持协议能够证实刘某20%的股权、武某5%的股权、郝国某75%的股权由仇某代持，该协议有刘某、武某、郝国某的签字。2019年1月10日作出的"某公司关于公司未分配利润的情况说明"中关于分红的内容是由宋某、刘某、武某三

人根据上述多次会议而形成的,作为某传媒公司持股75%的股东郝国某并没有参加上述会议及作出情况说明,故即便上述情况说明与会议纪要中包含股东分红的具体分配方案,因刘某不能证明上述包含分红内容的分配方案是某传媒公司的股东会或者股东大会作出的,因此,刘某诉请证据不足,依法不予支持。

2. 公司亏损是否可以分配股东利润

《公司法》规定,利润应当先弥补前期亏损、法定公积金、盈余公积金,若有盈余的,才可进行股东分配。若公司存在亏损,却违法对部分股东进行利润分配,股东涉嫌抽逃注册资本,也违反了公司资本维持的基本原则,损害了股东利益,更侵害了公司债权人利益,因此,在亏损前提下,法院不支持公司分配利润。

例如,在"邹某与中某等公司盈余分配纠纷〔2019〕吉08民终1057号"一案中,2016年中某公司分配的股东红利来源于拆迁补偿款,尽管2014—2015年公司存在亏损,但补偿款可以通过股东决议先予以分配。对此,法院认为:根据《公司法》规定,公司在未弥补亏损以及未留存相应比例公积金的情形下,所获利润不得用于分配。其分配款项无论是补偿还是分配红利,均是为股东变相分配公司利益,该行为使得公司资产不正当的流失,损害债权人的利益,本院不予支持。

3. 公司是否可拒绝向离职员工股东分配红利

员工股与工商登记股东性质不同,如果股东协议中约定员工股仅享受红利,不进行工商登记,则不具有实际股东资格。员工股的红利分配往往根据公司当年的经营状况和员工绩效决定,员工股具有身份属性,一旦员工离职,股东协议中往往会约定离职导致退股及红利分配基数等条款,因此,公司有权拒绝向已经离职的员工分配红利。

例如,在"胡某与丹东某公司公司盈余分配纠纷〔2019〕辽06民终2131号"一案中,法院认为:原告向被告实际出资15000元确实是不争的事实，从本案原、被告双方提交的相关证据看，该笔资金既不在公司股本总额占有比例，也不在公司总股权数占有比例，该笔资金的属性其实质是被告公司的企业集资款。被告每年根据其当年的经济效益，通过发放出资红利的方式，给出资员工谋取一定程度高于银行利息的经济利益。由此可见，原告的该笔出资款项并非是《公司法》意义上的入股股金，其也不具有被告公司的公司法意义上的股东资格。即使上诉人系被上诉人股东，按《公司法》第三十七条规定："股东会行使下列职权：（六）审议批准公司的利润分配方案和弥补亏损方案。"上诉人不通过股东会直接请求法院分配红利缺乏法律依据，本院不予支持。

4.股东存在侵占公司财产行为，公司是否可拒绝向其支付红利

公司盈余分配纠纷的请求权基础：一是存在可供分配的利润；二是履行相应的决策程序；一旦存在分配利润的决议，股东即可要求公司按约分配利润，至于股东是否存在侵占公司财产的行为，公司可以通过"侵害公司利益"之诉等其他方式进行司法救济，这两种法律关系不同，因此，不构成请求权抗辩的基础。

例如，在"龙某公司、梁某公司盈余分配纠纷〔2019〕粤08民终691号"一案中，法院认为：因龙某公司对于其已作出分配方案向部分股东发放了2013年4月至2018年5月的股权分配款并无异议，要确定龙某公司应否向梁某支付股权分配款，关键在于龙某公司的抗辩理由是否成立。因梁某是否非法侵占集体土地与龙某公司应否向梁某发放股权分配款并没有关联性，故龙某公司以此为由不向梁某发放股权分配款，于法无据，本院不予支持。

5.法院是否可以要求公司直接分配股东红利提存至法院

根据《最高人民法院关于人民法院民事执行中查封、扣押、冻结财产的规定》第二条，人民法院可以查封、扣押、冻结被执行人占有的动产、登记在被执行人名下的不动产、特定动产及其他财产权。股东红利一旦被公司决议确认后，即从预期利益转化为实际的债权，债务人当然可以申请法院查封

该被执行人的股东红利,并要求公司将股东红利分配提存至法院。

例如,在"浙江怡某公司与兰某小贷公司公司盈余分配纠纷〔2019〕浙07民终5605号"一案中,法院根据债务人请求,查封了怡某公司在小贷公司的股东红利160万元的债权,并要求小贷公司于裁定日发放该笔红利。法院认为:法院向兰某小贷公司下发裁定,要求其协助执行提取怡某公司的分红款160万元及相应利息时,兰某小贷公司应在收到该裁定书后立即予以配合,未有正当理由迟延履行的,应承担相应的赔偿损失的责任。一审法院按中国人民银行同期贷款利率确定迟延履行期间产生的利息损失,并无不当。

第三节 总 结

随着我国《公司法》制度的不断完善，对股东权益的保护也日益加强，《公司法司法解释（四）》在公司盈余分配请求权的具体实施给予了具体的法律支持。

公司的利润及财产权属于公司，股东非经正当程序，不得径直要求司法加以强制干涉。即便通过强制审计方式确认存在"未分配利润"，也只能证明符合盈余分配之诉的实质要件，但是否能够分配至股东，还需公司股东会或董事会表决决定。

公司的发展需要利润提供资金支持，是分配还是继续留存，属于公司自治范围，此时司法强制干预，不仅不利于发展现代公司自治制度，也是对公司发展的暴力干涉。

但如果出现了股东滥用权利导致利润不能分配的情形，则不需囿于股东会决议这一形式，可通过提供股东滥用权利的相关证据，从而要求法院强制分配。总结如下：

第一，利润分配请求权的提出须有明确的股东利润分配方案。

第二，若不存在利润分配方案则需证明公司存在可分配利润，但一方股东滥用权利导致另一方股东利益受损的情形，该种情形属于"强制盈余分配的情形"，股东的举证义务更高。

第三，在存在上述第一种利润分配方案时建议尽早行使分配请求权，若超过诉讼时效，则有可能导致利润分配方案不具有可执行性而最终落空。

第六章
股权转让纠纷

"股权转让纠纷案件数量占所有公司类案件的比例超过50%，股权转让纠纷中出现的争议几乎涵盖股东之间矛盾的所有。"

第一节　股权转让纠纷的请求权基础

一、理论基础

股权转让是《公司法》领域涉及纠纷最多的类型，也是最复杂的类型。笔者搜索以股权转让为纠纷的案由，2016—2020年初，全国股权转让纠纷案有近10万件，占到《公司法》领域案件的一半以上。其中，股权转让又可根据公司性质的不同分为有限责任公司股权转让、非上市股份有限公司股权转让和上市公司股权转让三类。

有限公司股权转让纠纷最多，其过程包括转让人和受让人之间达成股权转让协议、过半数股东放弃优先购买权、转让交割、内部修改章程、变更股东名册、工商登记变更。非上市股份有限公司股权转让，应当遵守《公司法》有关禁售期、转让方式和交易场所的规定。上市公司股权转让，因其须于交易场所进行，具有公开性，这里不再赘述。本节主要介绍有限责任公司股权转让而产生的纠纷。

根据纠纷产生的原因，股权转让纠纷大致可以分为主体不适格、标的不适格、无权处分、违反优先购买权规定、违反法律禁止性规定、违约行为、合同解除、拒绝履行、合同撤销等，每种纠纷起因的认定条件及法律后果均有较大差别。

二、法律规范梳理

1.《中华人民共和国公司法》(2018年)

第七十一条　有限责任公司的股东之间可以相互转让其全部或者部分股权。

股东向股东以外的人转让股权，应当经其他股东过半数同意。股东应就其股权转让事项书面通知其他股东征求同意，其他股东自接到书面通知之日起满三十日未答复的，视为同意转让。其他股东半数以上不同意转让的，不同意的股东应当购买该转让的股权；不购买的，视为同意转让。

经股东同意转让的股权，在同等条件下，其他股东有优先购买权。两个以上股东主张行使优先购买权的，协商确定各自的购买比例；协商不成的，按照转让时各自的出资比例行使优先购买权。公司章程对股权转让另有规定的，从其规定。

第七十二条　人民法院依照法律规定的强制执行程序转让股东的股权时，应当通知公司及全体股东，其他股东在同等条件下有优先购买权。其他股东自人民法院通知之日起满二十日不行使优先购买权的，视为放弃优先购买权。

第七十三条　依照本法第七十一条、第七十二条转让股权后，公司应当注销原股东的出资证明书，向新股东签发出资证明书，并相应修改公司章程和股东名册中有关股东及其出资额的记载。对公司章程的该项修改不需再由股东会表决。

第七十五条　自然人股东死亡后，其合法继承人可以继承股东资格；但是，公司章程另有规定的除外。

第一百三十七条　股东持有的股份可以依法转让。

第一百三十八条　股东转让其股份，应当在依法设立的证券交易场所进行或者按照国务院规定的其他方式进行。

第一百四十一条　发起人持有的本公司股份，自公司成立之日起一年内不得转让。公司公开发行股份前已发行的股份，自公司股票在证券交易所上市交易之日起一年内不得转让。

公司董事、监事、高级管理人员应当向公司申报所持有的本公司的股份及其变动情况，在任职期间每年转让的股份不得超过其所持有本公司股份总数的百分之二十五；所持本公司股份自公司股票上市交易之日起一年内不得转让。上述人员离职后半年内，不得转让其所持有的本公司股份。公司章程可以对公司董事、监事、高级管理人员转让其所持有的本公司股份作出其他限制性规定。

第一百四十二条 公司不得收购本公司股份。但是，有下列情形之一的除外：

（一）减少公司注册资本；（二）与持有本公司股份的其他公司合并；（三）将股份用于员工持股计划或者股权激励；（四）股东因对股东大会作出的公司合并、分立决议持异议，要求公司收购其股份；（五）将股份用于转换上市公司发行的可转换为股票的公司债券；（六）上市公司为维护公司价值及股东权益所必需。

公司因前款第（一）项、第（二）项规定的情形收购本公司股份的，应当经股东大会决议；公司因前款第（三）项、第（五）项、第（六）项规定的情形收购本公司股份的，可以依照公司章程的规定或者股东大会的授权，经三分之二以上董事出席的董事会会议决议。

公司依照本条第一款规定收购本公司股份后，属于第（一）项情形的，应当自收购之日起十日内注销；属于第（二）项、第（四）项情形的，应当在六个月内转让或者注销；属于第（三）项、第（五）项、第（六）项情形的，公司合计持有的本公司股份数不得超过本公司已发行股份总额的百分之十，并应当在三年内转让或者注销。

上市公司收购本公司股份的，应当依照《中华人民共和国证券法》的规定履行信息披露义务。上市公司因本条第一款第（三）项、第（五）项、第（六）项规定的情形收购本公司股份的，应当通过公开的集中交易方式进行。

公司不得接受本公司的股票作为质押权的标的。

2.《最高人民法院关于适用〈中华人民共和国公司法〉若干问题的规定（四）》(2020年)

第十六条　有限责任公司的自然人股东因继承发生变化时，其他股东主张依据公司法第七十一条第三款规定行使优先购买权的，人民法院不予支持，但公司章程另有规定或者全体股东另有约定的除外。

第十七条　有限责任公司的股东向股东以外的人转让股权，应就其股权转让事项以书面或者其他能够确认收悉的合理方式通知其他股东征求同意。其他股东半数以上不同意转让，不同意的股东不购买的，人民法院应当认定视为同意转让。

经股东同意转让的股权，其他股东主张转让股东应当向其以书面或者其他能够确认收悉的合理方式通知转让股权的同等条件的，人民法院应当予以支持。

经股东同意转让的股权，在同等条件下，转让股东以外的其他股东主张优先购买的，人民法院应当予以支持，但转让股东依据本规定第二十条放弃转让的除外。

第十八条　人民法院在判断是否符合公司法第七十一条第三款及本规定所称的"同等条件"时，应当考虑转让股权的数量、价格、支付方式及期限等因素。

第十九条　有限责任公司的股东主张优先购买转让股权的，应当在收到通知后，在公司章程规定的行使期间内提出购买请求。公司章程没有规定行使期间或者规定不明确的，以通知确定的期间为准，通知确定的期间短于三十日或者未明确行使期间的，行使期间为三十日。

第二十条　有限责任公司的转让股东，在其他股东主张优先购买后又不同意转让股权的，对其他股东优先购买的主张，人民法院不予支持，但公司章程另有规定或者全体股东另有约定的除外。其他股东主张转让股东赔偿其损失合理的，人民法院应当予以支持。

第二十一条　有限责任公司的股东向股东以外的人转让股权，未就其股权转让事项征求其他股东意见，或者以欺诈、恶意串通等手段，损害其他股东优先购买权，其他股东主张按照同等条件购买该转让股权的，人民法院应当予以支持，但其他股东自知道或者应当知道行使优先购买权的同等条件之日起三十日内没有主张，或者自股权变更登记之日起超过一年的除外。

前款规定的其他股东仅提出确认股权转让合同及股权变动效力等请求，未同时主张按照同等条件购买转让股权的，人民法院不予支持，但其他股东非因自身原因导致无法行使优先购买权，请求损害赔偿的除外。股东以外的股权受让人，因股东行使优先购买权而不能实现合同目的的，可以依法请求转让股东承担相应民事责任。

第二十二条 通过拍卖向股东以外的人转让有限责任公司股权的，适用公司法第七十一条第二款、第三款或者第七十二条规定的"书面通知""通知""同等条件"时，根据相关法律、司法解释确定。

在依法设立的产权交易场所转让有限责任公司国有股权的，适用公司法第七十一条第二款、第三款或者第七十二条规定的"书面通知""通知""同等条件"时，可以参照产权交易场所的交易规则。

3.《中华人民共和国民法总则》(2017.10)

第一百四十六条 行为人与相对人以虚假的意思表示实施的民事法律行为无效。

以虚假的意思表示隐藏的民事法律行为的效力，依照有关法律规定处理。

第一百四十七条 基于重大误解实施的民事法律行为，行为人有权请求人民法院或者仲裁机构予以撤销。

第一百四十八条 一方以欺诈手段，使对方在违背真实意思的情况下实施的民事法律行为，受欺诈方有权请求人民法院或者仲裁机构予以撤销。

第一百四十九条 第三人实施欺诈行为，使一方在违背真实意思的情况下实施的民事法律行为，对方知道或者应当知道该欺诈行为的，受欺诈方有权请求人民法院或者仲裁机构予以撤销。

第一百五十条 一方或者第三人以胁迫手段，使对方在违背真实意思的情况下实施的民事法律行为，受胁迫方有权请求人民法院或者仲裁机构予以撤销。

第一百五十一条　一方利用对方处于危困状态、缺乏判断能力等情形，致使民事法律行为成立时显失公平的，受损害方有权请求人民法院或者仲裁机构予以撤销。

第一百五十二条　有下列情形之一的，撤销权消灭：（一）当事人自知道或者应当知道撤销事由之日起一年内、重大误解的当事人自知道或者应当知道撤销事由之日起三个月内没有行使撤销权；（二）当事人受胁迫，自胁迫行为终止之日起一年内没有行使撤销权；（三）当事人知道撤销事由后明确表示或者以自己的行为表明放弃撤销权。当事人自民事法律行为发生之日起五年内没有行使撤销权的，撤销权消灭。

第一百五十三条　违反法律、行政法规的强制性规定的民事法律行为无效，但是该强制性规定不导致该民事法律行为无效的除外。违背公序良俗的民事法律行为无效。

第一百五十四条　行为人与相对人恶意串通，损害他人合法权益的民事法律行为无效。

第一百五十五条　无效的或者被撤销的民事法律行为自始没有法律约束力。

第一百五十六条　民事法律行为部分无效，不影响其他部分效力的，其他部分仍然有效。

第一百五十七条　民事法律行为无效、被撤销或者确定不发生效力后，行为人因该行为取得的财产，应当予以返还；不能返还或者没有必要返还的，应当折价补偿。有过错的一方应当赔偿对方由此所受到的损失；各方都有过错的，应当各自承担相应的责任。法律另有规定的，依照其规定。

4.《全国法院民商事审判工作会议纪要》（2019.11）

【有限责任公司的股权变动】当事人之间转让有限责任公司股权，受让人以其姓名或者名称已记载于股东名册为由主张其已经取得股权的，人民法院依法予以支持，但法律、行政法规规定应当办理批准手续生效的股权转让除外。未向公司登记机关办理股权变更登记的，不得对抗善意相对人。

【侵犯优先购买权的股权转让合同的效力】审判实践中，部分人民法院对公司法司法解释（四）第21条规定的理解存在偏差，往往以保护其他股东的优先购买权为由认定股权转让合同无效。准确理解该条规定，既要注意保护其他股东的优先购买权，也要注意保护股东以外的股权受让人的合法权益，正确认定有限责任公司的股东与股东以外的股权受让人订立的股权转让合同的效力。一方面，其他股东依法享有优先购买权，在其主张按照股权转让合同约定的同等条件购买股权的情况下，应当支持其诉讼请求，除非出现该条第1款规定的情形。

5.《中华人民共和国民法典》（2021.1.1）

第一百四十六条　行为人与相对人以虚假的意思表示实施的民事法律行为无效。以虚假的意思表示隐藏的民事法律行为的效力，依照有关法律规定处理。

第一百四十七条　基于重大误解实施的民事法律行为，行为人有权请求人民法院或者仲裁机构予以撤销。

第一百四十八条　一方以欺诈手段，使对方在违背真实意思的情况下实施的民事法律行为，受欺诈方有权请求人民法院或者仲裁机构予以撤销。

第一百四十九条　第三人实施欺诈行为，使一方在违背真实意思的情况下实施的民事法律行为，对方知道或者应当知道该欺诈行为的，受欺诈方有权请求人民法院或者仲裁机构予以撤销。

第一百五十条　一方或者第三人以胁迫手段，使对方在违背真实意思的情况下实施的民事法律行为，受胁迫方有权请求人民法院或者仲裁机构予以撤销。

第一百五十一条　一方利用对方处于危困状态、缺乏判断能力等情形，致使民事法律行为成立时显失公平的，受损害方有权请求人民法院或者仲裁机构予以撤销。

第一百五十二条　有下列情形之一的，撤销权消灭：（一）当事人自知道或者应当知道撤销事由之日起一年内、重大误解的当事人自知道或者应当知道撤销事由之日起九十日内没有行使撤销权；（二）当事人受胁迫，自胁迫行为终止之日起一年内没有行使撤销权；（三）当事人知道撤销事由后明确表示或者以自己的行为表明放弃撤销权。当事人自民事法律行为发生之日起五年内没有行使撤销权的，撤销权消灭。

第一百五十三条　违反法律、行政法规的强制性规定的民事法律行为无效。但是，该强制性规定不导致该民事法律行为无效的除外。违背公序良俗的民事法律行为无效。

第一百五十四条　行为人与相对人恶意串通，损害他人合法权益的民事法律行为无效。

第一百五十五条　无效的或者被撤销的民事法律行为自始没有法律约束力。

第一百五十六条　民事法律行为部分无效，不影响其他部分效力的，其他部分仍然有效。

第一百五十七条　民事法律行为无效、被撤销或者确定不发生效力后，行为人因该行为取得的财产，应当予以返还；不能返还或者没有必要返还的，应当折价补偿。有过错的一方应当赔偿对方由此所受到的损失；各方都有过错的，应当各自承担相应的责任。法律另有规定的，依照其规定。

三、实务诉讼请求

　　股权转让纠纷是《公司法》25个案由中最复杂、也是诉求种类最多的一项纠纷。由于股权转让主要系合同行为，因此，既需要考量《公司法》的规定，也需要根据《合同法》《民法总则》《民法典》的相关规定作为请求权基础。总体来说，理论上，有关合同法上的诉求都可以在股权转让中提，例如，请求法院判令某某股权转让合同无效，请求法院解除某某股权转让合同，请求法院判决被告继续履行合同；请求法院判决被告支付剩余股权转让款；请求法院判决被告赔偿违约金；请求某某配合变更登记；请求某某返还股票等。笔者通过搜索大量司法判决文书，股权转让纠纷的判决结果也大多符合上述情形。因此，笔者建议在股权转让纠纷诉求中，帮助当事人一次性梳理完所有诉求，并罗列清晰，以方便法院根据诉求一一予以阐述和判决。

司法判例中，主要的股权转让纠纷之诉法院判决列举：

1. 继续履行之诉

法院判决结果如下：一是某某于本判决生效之日起十日内向某某公司支付股权转让款5400万元及利息（以3000万元为基础，自2016年8月8日起，按月利率1.5%计算至实际给付之日）；二是某某公司对某某应支付的上述款项承担连带保证责任；三是驳回某某公司其他诉讼请求。

法院判决结果如下：一是被告某某于本判决生效之日起三十日内协助原告办理股权转让手续，将被告某某持有的青岛市某某公司的股权变更登记至原告指定的股东名下；二是驳回原告的其他诉讼请求。

法院判决结果如下：一是被告于本判决发生法律效力之日起十日内向某某公司支付股权回购款49864593.15元以及逾期付款违约金（按照每日万分之五的标准，1200万元自2014年2月8日起计算至2014年3月26日止，49864593.15元自2014年2月8日起计算至实际给付之日止）；二是驳回某某公司的其他诉讼请求。

2. 合同解除之诉

法院判决结果如下：一是确认原告某某与被告某某公司2016年1月20日签订的《股权转让框架协议》于2018年6月15日解除；二是被告某某公司限于本判决生效之日起十日内返还原告某某股权转让价款人民币500万元。

法院判决结果如下：一是原告某某与被告某某公司2016年2月28日签订的《上海某某有限公司股权转让合同》于2017年5月24日解除；二是被

告某某公司应于本判决生效之日起十日内，配合原告办理将登记于被告名下的某某有限公司 35% 的股权变更至原告名下的工商登记；三是被告某某公司应于本判决生效之日起十日内偿付原告违约金 50 万元；四是驳回原告的其他诉讼请求。

3. 解除代持关系之诉

法院判决结果如下：被告于本判决生效之日起十日内，将登记在某某名下的天津某某股份有限公司的 3 万股股票返还给原告某某。

法院判决结果如下：被告于本判决生效之日起十五日内，配合原告将登记在某某名下的第三人上海某某有限公司 3.17% 的股权变更登记至原告名下，第三人上海某某有限公司、周某应协助办理上述股东的变更登记手续。

4. 合同撤销之诉

法院判决结果如下：一是撤销原告某某与被告某某于 2014 年 7 月 9 日签订的《股权转让协议》；二是被告某某于本判决生效之日起十日内返还原告某某股权转让款 258.5 万元，并赔偿原告损失（损失金额计算方式：其中 208 万元自 2014 年 7 月 9 日起算，50.5 万元自 2014 年 7 月 21 日起算，均按中国人民银行同期同类银行贷款基准利率标准，计算至本判决确定的履行给付义务期限届满之日止）；三是驳回原告某某的其余诉讼请求。

5. 合同无效之诉

法院判决结果如下：一是确认原告（反诉被告）某某有限公司和被告（反诉原告）某某签订的《股权转让协议》无效；二是原告（反诉被告）某某公司于本判决生效后十日内返还被告（反诉原告）5 万元；三是驳回原告（反诉被告）某某公司的诉讼请求；四是驳回被告（反诉原告）的其他诉讼请求。

第二节　股权转让纠纷的主要问题及实务指南

一、股权转让无效的问题

谈合同无效，一般就会想起《合同法》五十二条，即较全面规定合同无效的五种情形，随着2017年《民法总则》以及2021年《民法典》的颁布，对合同无效的情形做了调整和细化。从《合同法》的五种"无效"过渡到四种"无效"，即将欺诈胁迫导致的合同效力问题转化为"可撤销情形"。

总体来说，在《民法总则》及《民法典》颁布后，对股权转让无效的认定基本采用四种：

（1）以虚假的意思表示实施的民事法律行为无效。

（2）违反强制性规定的民事法律行为无效。

（3）违背公序良俗的法律行为无效。

（4）恶意串通，损害他人合法权益的民事法律行为无效。

1. 一方在股权转让中存在欺诈情形，但未涉及损害国家利益，不构成无效（此处注意，最新《民法总则》针对欺诈情形规定，无论损害国家、第三人或合同当事人，均可撤销，而非采用无效一说）

上海市第一中级人民法院审理的熊某诉刘某股权转让纠纷案【〔2017〕沪01民终13021号】认为：熊某虽提供了沈某的申明，但刘某亦提供了2016年9月15日熊某、刘某和沈某签订的三方协议，沈某对于由熊某经营酒店明确予以认可。因此，熊某以刘某"欺诈"为由，要求确认协议无效，无相应的事实基础。另外，即使刘某存在"欺诈"，但法律规定，应达到

"损害国家利益"的严重程度，才得以确认无效。而本案中，熊某并未提供确实证据证明存在"损害国家利益"的情形。相反，在合同履行过程中，刘某明知杨某对其提起诉讼，但从未出面表态，且熊某、刘某一直履行系争协议至今，故熊某诉请亦无法律依据。综上，熊某、刘某之间的合作协议及转让协商决定系双方真实意思表示，并无无效事由。

2. 支付了对价且有理由相信出于夫妻二人共同意思表示，股权转让给孙女的行为有效

上海市第一中级人民法院审理的黄某珍诉谢某根股权转让纠纷案【〔2016〕沪01民终13917号】认为：本案争议焦点在于系争股权转让协议是否存在无效情形。根据法律规定，"夫或妻非因日常生活需要对夫妻共同财产做重要处理决定，夫妻双方应当平等协商，取得一致意见，他人有理由相信其为夫妻双方共同意思表示的，另一方不得以不同意或不知道为由对抗善意第三人"。本案中标的公司原股东为谢某根和其子谢某军，股权转让发生在谢某根和其孙女谢某晶之间。综合本案情形，谢某根和黄某珍夫妻间并无长期矛盾，也非处于离婚过程中，谢某晶有理由相信谢某根出让股权是夫妻双方的共同意思表示。同时，一审已查明，谢某根出具收条确认收到股权转让款200万元，本案也无有效证据证明系争股权以200万元转让是恶意压低价格，则谢某晶系善意、有偿取得系争股权，股权转让协议不存在恶意串通损害黄某珍利益的情形，应为有效。

3. 借款后转让公司股权给他人，恶意串通损害第三人利益，股权转让行为无效

上海市第二中级人民法院审理的杭州银行与葛某民、葛某盛等股权转让纠纷案【〔2017〕沪02民终981号】认为：《合同法》中规定的恶意串通，须以缔约双方具有共同故意的意思表示联络为要件。从查明的第一次股权转让价款支付情况看，葛某盛、何马某向葛某民、何安某所支付的每一笔股权转让款，均在间隔极短时间内通过相类似的途径从股权出让方账户间接回转至股权受让方账户，之后再次转入出让方账户……在如此循环往复的过程中，股权出让方的银行账户资金余额从未累积增加。本案的付款方式，非双方之共同行为难以实现。从股权转让对价是否实际支付的角度看，显然有悖常理。可据此认定第一次股权转让双方具有恶意串通的共同主观故意。在借款合同签订时，葛某民、何安某名下除已经对外设定抵押担保和被查封的不动产以外，储运公司股权是其最主要的财产。二人通过签订《股权转让协议》，并以变更登记对外公示的方式转让全部股权后，将导致其无财产偿付担保债务，从而产生债权人无法通过担保客观实现借款债务清偿的损害后果。二审查明的事实表明该损害后果已经产生，故本院认为本案具备损害第三人利益的法定要件。

4. 恶意串通损害小股东利益，公司控股股东未召开股东会径直处分公司财产，该股权转让行为无效

上海市第一中级人民法院审理的翁某诉倪某股权转让纠纷案【〔2018〕沪 01 民终 14356 号】认为：《公司法》规定，"股东依法享有资产收益、参与重大决策和选择管理者等权利"。股东会决定公司的经营方针和投资计划。倪某作为同某公司的股东，应按其投入同某公司的资本额享有资产收益权，并通过参加股东会的形式参与同某公司的经营方向、投资目标以及利润分配等重大问题的抉择。本案中，同某公司作为惟某公司的唯一股东，将其持有的惟某公司的股权进行转让，且系将全部股权转让给同某公司除倪某外的其余部分股东，倪某有权知晓相关事宜并有权参与决策。翁某、田某、葛某亦不能证明在《股权转让协议》签订前，曾向倪某告知股权转让事宜并征询过倪某的意见。因此，倪某作为持有同某公司 30.8% 股权的股东，未能就翁某、田某、葛某受让惟某公司股权事宜充分陈述自己的意见，导致倪某丧失了在同等条件下受让惟某公司股权的可能，亦剥夺了倪某作为同某公司股东参与重大决策的权利。一审法院认定翁某、田某、葛某与同某公司签订《股权转让协议》属于恶意串通损害第三人的无效行为，并无不当，本院予以支持。

5.股权转让系虚伪意思表示的,股权转让合同无效

苏州市中级人民法院审理的陈某与金某股权转让纠纷案【〔2019〕苏05民终11037号】认为:根据陈某在2019年2月19日的微信聊天中说"金总,我想了一下,这样的话我们应该签两份协议,一份是工商转股,一份是我们俩的协议",金某则回应说"是要签两份协议书的"这一事实,可以认定双方于2019年3月22日在工商登记机关备案的《股权转让协议》仅用于办理工商变更登记,《股权转让协议》是双方就股权转让事宜的虚伪意思表示。《中华人民共和国民法总则》第一百四十六条规定:"行为人与相对人以虚假的意思表示实施的民事法律行为无效……"因此,双方于2019年3月22日签订的《股权转让协议》应为无效。

二、股权转让的可撤销问题

在股权转让纠纷中,撤销合同的前提最常见的是"重大误解"和"欺诈"这两类情形。但这两类条件的司法认定标准如何,究竟达到什么样的标准的"重大误解"或"欺诈",才能构成撤销股权转让合同的触发条件?

1.股权转让中因"重大误解"可撤销合同的认定条件

"重大误解"的法律界定:我国《中华人民共和国民法通则》第五十九条、《合同法》第五十四条均对重大误解可能导致的后果作出了规定,即满足"重大误解"情形的,当事人一方有权要求变更或撤销。《中华人民共和国民法通则》的相关解释对"重大误解"的构成条件予以了进一步明确,即"行为人因对行为的性质、对方当事人、标的物的品种、质量、规格和数量等的错误认识,使行为的后果与自己的意思相悖,并造成较大损失的,可以认定为重大误解"。

首先,错误认识的对象必须是"行为的性质、对方当事人、标的物的品种、质量、规格和数量"。

其次，错误认识的后果与行为人的主观意思相悖，即错误认识形成的实际后果并不是行为人真实意思所追求的。

最后，行为人产生了较大的损失。

（1）对标的物性质发生了重大误解，比如转让协议约定的是转让股权，但当事人之间对股权理解有错误，标的公司根本未设立，那么当然该协议属于重大误解。例如，翟某与董某股权转让纠纷〔2010〕静民二（商）初字第1732号一案中，法院认为：原被告签署股份转让书的目的，在于受让上海某某台球公司的股权，然而上海某某台球公司并未注册设立，致使原告对合同的标的物性质发生重大误解，对追求合同的目的发生重大变化，对原告产生了不利的后果。鞠某诉陆某股权转让纠纷〔2015〕沪一种民四（商）终字第2262号一案中，法院认为：双方当事人签订的《某某舞蹈会所川沙店股权转让协议》虽从形式上看较为详尽，系关于股权转让的相关约定，但其实际并不符合股权转让的具体要件，最为关键的一点即为转让的标的并非公司意义上的股权。当事人作为具有完全民事行为能力的民事主体，在签订协议时，理应对其拟受让的标的予以充分考察，以避免发生纠纷。就受让人而言，其曾认为某某舞蹈会所川沙店系甲公司的分公司，又表示其通过签订系争协议拟成为甲公司的股东，但对于具体拟受让的股权比例并不清楚。因此可以认定：双方在签订系争协议时，并未对"某某舞蹈会所川沙店100%股权"和甲公司股权的关系形成正确认识。双方就签订系争协议存在重大误解。

（2）对标的物的质量发生重大误解，如标的公司的经营状况、营业事实属于股权转让中标的物的质量，如对该质量存在重大误解，则可构成"可撤销"的情形，例如，谢某与周某股权转让纠纷〔2013〕崇民二（商）初字第415号一案中，法院认为：一是一般情况下，股权出让方有向受让方披露公司资产、经营状况等公司信息之义务。然而被告未履行该项义务，将已经清算完毕、正在注销公告期间的公司股权转让给原告，使原告作出错误意思表示签订协议。二是原告受让股权的目的是为了在今后公司的经营中获得利润，故标的公司即某某公司应处于正常状态。事实上，双方在签订股权转让协议时，某某公司已清算完毕、在注销公告期间，处于无法经营的非正常状态，被告具有隐瞒该事实之故意，违背了原告的真实意思。三是即便如两位被告所述，股权转让包含了现有的生源和潜在的客户，但在公司成立清算组之后发生的接收生源等经营活动应属无效，不能作为潜在的利益进行作价。故一个注册资金仅 5 万元的正在进行清算的公司作价 50 万元，明显违反公平、等价有偿的原则。

但这里要注意的是，股权投资涉及商业风险，如因不确定的转让之后发生商业风险而导致受损的，之后主张存在重大误解并撤销合同，一般不予以支持。

2. 股权转让中因"欺诈"可撤销合同的认定要件

《民法典》第一百四十八条规定："一方以欺诈手段，使对方在违背真实意思的情况下实施的民事法律行为，受欺诈方有权请求人民法院或者仲裁机构予以撤销。"

司法实践中，"因欺诈"而撤销合同的司法认定较为严格，需满足以下条件：

首先，行为人有欺诈的故意，主观上存在过错。

其次，行为人实施了欺诈的行为，比如编造虚假的宣传册、宣传文件、夸张财务数据等。

最后，该欺诈行为导致股权受让人陷入错误的意思表示，即签署股权转让合同不是其真实意思表示。

股权转让过程中，对出让方而言其具有信息披露的义务，可参照买卖合同的法律关系，对涉及标的股权的重大事项予以披露。但受让方亦有尽职调查的义务，如不进行必要调查，一味依赖出让人的陈述，亦应当承受相应的商业风险。

例如，祝某、王亚某等与上海源某公司、宋某中股权转让纠纷〔2019〕沪民终 384 号一案中，合同因欺诈而可撤销需要符合一定的要件：一是行为人存在欺诈的故意，二是行为人作出虚构事实、隐瞒真相的欺诈行为，三是被欺诈人因欺诈而陷入错误认识，并作出相应意思表示。转让方在股权出让过程中，未向受让方等主动披露标的公司未使用专利配方进行生产的事实，甚至对标的公司进行不符合实际的夸大宣传，这些行为均是为了使对方相信标的公司具有巨大的经济价值，因而愿意付出较高的收购对价。但从另一方面来看，受让方在尽职调查尚未完成的情况下匆忙作出收购决定，作为市场投资人，对投资风险也未尽必要的注意义务，因此，上诉人作出收购行为并非完全由出让方消极披露相关事实所导致，以此为由要求撤销合同，依据不足。

小结

法院认定股权转让可撤销的情形占比不足5%，司法裁判中还是倾向于保持商事交易关系的安全性和稳定性，而不轻易作出否定合同的裁判。因此，笔者对《股权转让协议》的拟定有以下实务建议：

第一，锁定目标条款：股权转让过程中，应明确转让标的为股权、经营权抑或是合伙企业份额，避免因标的误解而撤销合同。建议签署协议前，调查并了解被收购标的的具体经营情况，若受让方较为在意标的股权的某项资产特性，如某类特种行业资质、某项专利技术、某种销售渠道、某类客户资源等，应当明确约定在《股权转让合同》的相关条款中，以达到受让方出资受让股权的目的。

第二，重视信披义务：在股权转让协议中，应当明确对标的物的质量、债权债务、对外融资的约定，陈述保证条款中明确转让方的诚实信用和真实披露义务，以获得转让方对于标的物的质量保证。

第三，明确"合理定价"：在股权价格定价方面，转让方应尽量保证股权价格的制定有"合理基础"，该"合理基础"可以是净资产价值、股权评估价值或其他第三方等双方均认可的价值，避免受让方之后以"明显偏离合理价值"为由要求撤销合同。

三、股权转让的解除问题

如何援引法定解除权或约定解除权，让法院支持依法解除的诉请或反驳违法解除？

【合同约定解除】《合同法》第九十三条规定："当事人协商一致，可以解除合同。

当事人可以约定一方解除合同的条件。解除合同的条件成就时，解除权人可以解除合同。"

【合同的法定解除】《合同法》第九十四条规定："有下列情形之一的，当事人可以解除合同：

（一）因不可抗力致使不能实现合同目的；

（二）在履行期限届满之前，当事人一方明确表示或者以自己的行为表明不履行主要债务；

（三）当事人一方迟延履行主要债务，经催告后在合理期限内仍未履行；

（四）当事人一方迟延履行债务或者有其他违约行为致使不能实现合同目的；

（五）法律规定的其他情形。"

《合同法司法解释（二）》第二十六条规定："合同成立以后客观情况发生了当事人在订立合同时无法预见的、非不可抗力造成的不属于商业风险的重大变化，继续履行合同对于一方当事人明显不公平或者不能实现合同目的，当事人请求人民法院变更或者解除合同的，人民法院应当根据公平原则，并结合案件的实际情况确定是否变更或者解除。"

因此，总结起来，股权转让可解除的分为两类，一是约定解除，二是法定解除。

1. 约定解除

约定解除，顾名思义，即在合同里约定的解除权，可以单方享有，也可以双方享有。当符合解除情形的事件触发时，当事人一方即可通过发送通知的方式进行单方解除。这里要特别注意，该单方解除权一经送达即产生效力，合同即告解除；如另一方不同意解除的，应及时诉请法院要求确认解除合同的效力。

如股权转让合同对单方解除权约定明确，即可通过单方通知方式解除合同。上海市第二中级人民法院审理的上海中某公司、上海哲某公司股权转让纠纷案【〔2019〕沪02民终4397号】认为：首先，关于3.2条款、3.3条款是否是股权转让的必要前置条件，以及俩条款之间是否存在优先履行。《股权转让协议书》第三项为"股权转让步骤"，从其文意看股权转让有明确的步骤区分和先后顺序的逻辑，罗列了股权转让的详细过程，故3.2条款在履行顺序上优先于3.3条款。本院认为，虽然政府相关部门多次与康某公司等就虹口区旧区改造项目进行沟通开会，但该行为不足以认定政府相关部门就项目转让事实的认可。富某公司出于审慎，适用7.1条款的约定提前解除《股权转让协议书》，并无不当。最后，关于《股权转让协议书》解除后责任的承担。根据7.1条款，符合约定情形的，各方同意解除系争协议，互不承担责任。

2. 法定解除

法定解除，一般援引较多的是《合同法》的第九十四条的第（一）至（五）款，《民法典》第五百六十三条第（一）至（五）款，以及《合同法司法解释（二）》，基本可归纳为，不可抗力不能实现合同目的，预期违约，延迟履行主要债务，延迟履行不能实现合同目的、情势变更等。该解除权的形式也是通过单方发出通知即告解除，但值得提醒的是，由于法定解除权依赖于当事人自己的判断，有些"守约"当事人判断偏差，导致明明是对方的瑕疵违约却被认为是重大违约，即以单方通知的方式"违法"解除合同，反而使得"守约"的一方陷入"违约"境地。因此，建议法定解除权的行使须通过专业法律咨询确定。

股权转让中的法定解除权一般如何认定？

如签订该合同后，继续履行合同的基础发生了重大变化，继续履行对当时人明显不公平的，可依据《合同法司法解释（二）》要求解除合同。例如，上海市第二中级人民法院审理的杨某某与陈某股权转让纠纷案【〔2017〕沪02民终5844号】认为：杨某某虽曾经起诉要求陈某支付剩余股权转让款即继续履行合同，但这是基于杨某某自以为无须返还安某公司490万元出资款的认知而作出的选择。后经法院判决杨某某需返还安某公司出资款490万元，双方履行《股权转让协议》的基础发生重大变化……倘若当时公司注册资本是充实的，则仅以180万元转让该公司90%的股权显然不合理。现生效判决要求杨某某返还安某公司出资款490万元（从维护安某公司利益和资本充实角度，该判决亦属正确），即杨某某已不享有大部分在转让协议签订前公司应收款的利益，在此情况下，如果继续履行合同，必然对于杨某某而言显失公平。

股权转让合同的根本目的在于股权能够得以工商登记，因此，若无法登记为公司股东的，股权转让合同目的将予以落空，符合法定解除的"无法实现合同目的"情形。例如，上海市第二中级人民法院审理的茂某、东某与公司有关的纠纷案【〔2017〕沪02民终975号】认为：茂某公司未向东某公司履行股权转让工商变更登记手续，违反了《股权转让协议》中"东某公司向茂某公司支付股权转让价款后，茂某公司应积极配合向工商部门办理相关变更登记手续"的约定，应系茂某公司违约。至于茂某公司主张的其已经使东某公司实际参与了光某公司的经营管理活动，符合《股权转让协议》中"因茂某公司不予配合或其他原因导致变更登记手续没有办理，不影响协议的效力，且不影响东某公司实际取得光正公司的股权"的约定，本院认为上述协议约定不能免除茂某公司办理股权转让工商变更登记手续的义务，故茂某公司此节主张本院不予支持。依据《合同法》第九十四条"有下列情形之一的，当事人可以解除合同：……（四）当事人一方迟延履行债务或者有其他违约行为致使不能实现合同目的"规定，茂某公司未履行《股权转让协议》规定的股权转让义务，东某公司享有合同解除权。

3. 不支持合同解除的情形

根据《合同法》第一百七十四条及《买卖合同司法解释》第四十五条之规定，股权转让合同可以参照适用《合同法》第一百四十八条所规定的买卖合同标的物瑕疵担保责任。股权转让方隐瞒项目环评未能通过的事实，若该事实发生在股权转让之后，受让方不可以合同目的无法实现为由要求解除合同。

上海市高级人民法院审理的上海富某房地产公司与上海金某公司股权转让纠纷案【〔2019〕沪民终32号】认为：本案双方签订《股权转让协议》，如果股权或土地使用权瑕疵属于股权转让前就已存在而金某公司及水电公司故意隐瞒，则俩公司应承担瑕疵担保责任。如该瑕疵并不存在或者股权转让后才出现，则俩公司无须承担责任。首先，本案在股权转让变更登记完成后，金某公司将委托环评检测的《技术服务合同》移交给富某公司时，《技术服务合同》尚未完成，一审法院据此认为富某公司理应知道项目尚未通过环评审批这一客观事实，金某公司及水电公司不存在刻意隐瞒，对此，本院予以认同。其次，富某公司提供的证据并不能充分证明股权转让前土地确定地不能开发，亦即土地使用权存在瑕疵。因此，上海富某公司以转让方隐瞒瑕疵，不能实现合同目的为由要求解除合同，于法无据。

另外，投资股权并获得盈利系投资人的愿望，但并非必然发生的结果，公司经营本身就有商业风险，投资人以该"愿望"无法达成而认为合同目的无法实现，显然不能成立。

上海市第二中级人民法院审理的周某与余某股权转让纠纷案【〔2019〕沪02民终2879号】认为：实际履约中，周某已经支付了《股权转让协议》项下大部分股权转让款，相关股权也已变更登记至周某名下。现周某以即客公司并未盈利，《股权转让协议》的目的无法实现等为由请求解除该协议，缺乏合同依据和法律依据，本院不予支持。

4. 解除权的行使的时间问题

《合同法司法解释（二）》第二十四条规定，当事人对合同解除虽有异议，但在约定的异议期满后才提出异议并向人民法院起诉的，人民法院不予支持；当事人没有约定异议期间，在解除合同通知到达之日起三个月以后才向人民法院起诉的，人民法院不予支持。

合同解除权是一种形成权，仅依解除权人的单方意思表示即可产生消灭合同关系的法律后果。由于解除权行使与否取决于解除权人的意志，这会使相对方陷于不安状态，如果长期放任此种不安状态存在，有失公允。所以，当解除权发生后，在相当长的期间内未经行使，使相对方对于解除权之不被行使发生合理信赖的场合，依据诚实信用原则及禁止权利滥用原则，可以认定解除权人不得再为行使解除权。在时间上，为了保证商业主体运营的稳定性，合同解除权应当在适当时间内提出，否则将导致相对方陷入不安状态，如超过合理期间不提出则丧失解除权。

例如，上海市第一中级人民法院审理的丁某某与石某某股权转让纠纷案【〔2018〕沪01民终12891号】认为：丁某某在行使解除权的条件成就后，不但未在合理期限内发出通知或者提起诉讼要求解除协议，相反于2011年7月向上海市奉贤区人民法院提起诉讼……丁某某提起该诉讼表明，其意在要求石某某继续履行《股权转让协议》，而非解除协议，事实上系丁某某已对相应权利的行使作出选择。《中华人民共和国民法总则》第一百三十二条规定："民事主体不得滥用民事权利损害国家利益、社会公共利益或者他人合法权益。"据此，当不具有约定或者法定除斥期间时，解除权人丁某某虽享有解除权，但长期不行使，致使作为相对方的石某某有正当理由信赖解除权人丁某某不欲行使其解除权时，依据诚实信用原则及禁止权利滥用原则，解除权人丁某某不得再行使解除权。

小结

（1）合同的法定解除权中被援引最多的即无法实现合同目的。对于无法实现合同目的，司法审判中一般只会根据合同性质来判断到底是否能够实现，如股权转让合同目的就在于取得股权，那么如果可以取得股权，无法律障碍，却事后抗辩说，公司无盈利、公司未上市、投资未分红等，基本都不构成合同目的无法实现。

（2）合同的约定解除权更为宽泛，在保护当事人利益上易得到法官支持，基本上合同只要约定清楚，解除权的适用情形即会被法院支持。因此，建议在投资前，如投资方比较看重目标公司的某项关键性技术、人力安排、政府批文取得时间等，应当在解除权条款中约定明确上述资质的取得时间，并课以明确的解除权行使方式，以防止商事交易过程中出现不利情形时及时解除合同，并要求对方赔偿。

（3）解除合同的通知应及时发出，如对方履行合同不符合约定的，应当及时提出异议，以防止丧失合同解除权。如认为对方发出的解除通知有异议，应及时起诉要求确认构成违约解除，否则一旦经历3个月的除斥期（有约定的可能更短）则解除异议不成立。

四、股权转让纠纷中的其他问题

1. 名为股权转让，实为其他法律关系，合同效力如何认定

《民法典》第一百四十六条规定："行为人与相对人以虚假的意思表示实施的民事法律行为无效。以虚假的意思表示隐藏的民事法律行为的效力，依照有关法律规定处理。"例如，名为股权转让，实际并不承担投资风险，且转让方承诺到期予以退股返还的，由于更符合借贷的真实意思，司法实践中一般认定为借贷关系。

上海市第一中级人民法院审理的卜某某与张某某民间借贷纠纷案【〔2019〕沪01民终2785号】认为：虽然二人签订了《股权转让协议》，但分析该协议内容，卜某某已在协议中明确承诺，"张某某的投资款于营业之日起6个月内返还；若逾期，张某某有权退出全部股份，卜某某则无条件退还张某某

12万元的投资款。利润从营业之日起6个月之后结算,每月30日由卜某某支付前一个月利润给张某某";而该协议中并无张某某共同参与经营管理和承担经营风险的约定,公司的管理及盈亏实际均与张某某无关,张某某享有确保投资款不受损失并可通过分享利润取得回报的权利而不承担任何风险;且此后,双方也确实未办理过公司股权变更的相关手续,故应认定双方所签协议名为股权转让,但具有明显的借贷性质。张某某与卜某某之间存在事实上的借贷关系,现张某某向卜某某主张归还借款的权利,依据充分,应予支持。

又如,商业实践中,有些利用股权转让作为担保的,名为股权转让,实际系担保关系的。担保合同的效力跟随于主合同,因此若主合同无效的,作为担保合同的股权转让合同亦无效。如上海市高级人民法院审理的上海春某公司、上海环境公司与周氏公司股权转让纠纷案【〔2017〕沪民终132号】认为:周氏集团与春某公司签订的《股权转让协议》名为股权转让,实为具有股权质押性质的保证合同。2009年11月4日,上海市第一中级人民法院作出〔2008〕沪一中刑初字第312号刑事判决书,认定上述《合作与股权转让协议》为土地使用权转让而非土地合作开发关系,系非法倒卖土地使用权行为。鉴于《合作与股权转让协议》被确定为无效,作为该协议的从合同《股权转让协议》亦为无效。现周氏集团要求春某公司返还创业公司90%的股权依约有据,予以支持。

2.股权转让过程中,对无权处分、越权代理行为的效力认定

股权转让纠纷中,如果出让人涉及无权处分,可以参考买卖合同中关于无权处分的合同效力认定问题。即善意第三人有理由相信的,该合同有效,但实际股东可以向无权处分人追偿。如果名义股东在明知系争股权属他人所有的情况下,未征得权利人同意,将涉及他人的股权转让,其行为构成无权处分,处分该部分股权所得款项无合同依据,应当返还。

例如,上海市黄浦区人民法院审理的王某与丁某、杨某股权转让纠纷案【〔2017〕沪0101民初12814号】认为:俩被告所转让的"锦某公司"25%

的股权中，5%系案外人丁某某所有。事实上，俩被告转让该部分股权未经丁某某同意。本院亦以〔2017〕沪0101民初714号民事判决书认定俩被告擅自转让丁某某5%的股权无效，至此，俩被告收取原告该部分股权价款丧失了合同依据，构成不当得利，俩被告理应将该部分价款返还原告。由于原、被告在协议中约定25%的股权计价款300万元，其中5%的股权对应价款则应为60万元。

还有一种情况，在股权代持法律关系中，由于双方之间存在股权代持协议，但未通知公司其他股东，因此对公司不具有约束力。因公司上市，名义股东有权处置名下上市公司股份，但应当将处置所得款项返还实际股东。例如，上海市闵行区人民法院审理的李某与陈某股权转让纠纷案【〔2015〕闵民二（商）初字第1596号】认为：被告持有上市前汉某制药的股权，其转让应该依据《公司法》的有关规定。原告未能举证汉某制药认可了原、被告之间的股权转让，故虽然当时原告与被告约定由被告代持，但对汉某制药以及汉某制药的其他股东，不具有约束力。在汉某制药上市后，基于对应股权已经成为上市流通股。因此，被告可以处置自己名下的汉某制药流通股。原告在本案中提交的现有证据能够证明原告与被告之间发生了真实的交易关系，被告对此亦不持异议。由此，在被告名下证券账户内的汉某制药220万股的权益应当属于原告。现司法机关对记载在被告名下的汉某制药股票及孳息进行了抛售、扣划并且代管，不影响原告对此享有的权益。原告在本案中要求确认相应权属，有事实和法律依据。但被告已经支付的股息不应在本案确认范围之内。

3. 股权转让过程中，对于"根本性违约"的司法认定

《民法典》第五百七十七条规定："当事人一方不履行合同义务或者履行合同义务不符合约定的，应当承担继续履行、采取补救措施或者赔偿损失等违约责任。"

然而，违约也分为瑕疵违约和根本违约，对于瑕疵违约，一般进行相应赔偿后，仍然要继续履行合同。而对于根本违约，另一方可直接拒绝履行剩

余合同义务。例如，股权转让过程中，依据"根本违约条款"，股权受让方有权拒绝支付股权转让款。

上海市黄浦区人民法院审理的华某公司与住某公司股权转让纠纷案【〔2013〕黄浦民二（商）初字第394号】认为：本案审理之关键在于俩原告是否存在依双方合同之约定构成根本违约之行为。以当事人间股权转让协议内容之文义理解，俩原告需确保目标公司一期开发地块和股权转让之前二期地块上不存在任何民事争议及经济上的法律纠纷，从而不会对目标公司造成任何不利影响，若上述不利影响情形发生，被告有权中止支付股权受让款。此外，若上述不利影响情形造成被告或"百某房产"先行承担债务额达到100万元的，则视为俩原告根本违约，被告有权终止股权受让款的给付义务。同时，构成根本违约的，违约方应承担违约金1000万元。本院已查明的事实，俩原告转让其股权时，在一期开发地块和股权转让之前二期地块上遗漏了多项债务，致使被告或"百某房产"承担的债务金额已达4591145.41元，远超过双方在协议中约定的100万元的根本违约构成金额，对此，被告有权援引协议条款而终止剩余股权受让款的支付。另外，被告受让股权后，一期地块或股权转让之前二期地块上，多次发生小业主因公司逾期发证及交房而进行诉讼或集体上访至黄浦区政府等情形，按照协议之规定，上述情形应视为俩原告根本违约的构成条件，俩原告作为违约方应依约向被告承担违约金1000万元。合同法尊重当事人间的意思自治，当事人约定的内容只要不违反法律、法规效力性的强制性规定，皆为有效。现行的法律、法规并未禁止合同双方对构成根本违约的情形进行事先约定，故本院对俩原告上述意见不予采纳。另外，因俩原告的行为构成根本违约，故俩原告因按约支付被告违约金1000万元。

但要注意的是，如果合同并未对"根本违约"情形作出约定，或对"不安抗辩权"的情形作出约定，股权受让方贸然行使不安抗辩权，极可能被判不予支持，如上海市第二中级人民法院审理的赋某公司与慈某某、汪其某股权转让纠纷案【〔2016〕沪02民终3243号】认为：赋某公司以慈某公司未提供对外负债1900万元的资产负债表以及未办理新的环评报告为由，主张其未支付增资款是在行使不安抗辩权,但赋某公司在签订协议前就已经了解过慈某公司的资产及负债情况,赋某公司在签约后以慈某某、汪其某未提供对外负债1900万元的资产负债表为由拒绝付款,不能成立。赋某公司提出没有环评报告无法办理工商变更登记后,慈某某、汪其某告知其慈某公司已于2006年3月13日通过了环境保护验收,无须办理新环评报告即可办理工商登记。之后,赋某公司仍要求慈某公司办理新的环评报告,并以此为由拒付增资款,现上海市青浦区市场监督管理局明确答复2006年3月13日的环保验收仍有效,办理股权变更登记无须重新办理环评检测。因此,赋某公司以慈某公司未完成环评检测无法办理工商变更登记为由拒绝付款,也不能成立。综上,赋某公司在没有确切证据证明慈某某、汪其某有丧失或可能丧失履行债务能力的情况下,行使不安抗辩权没有事实和法律依据。

第三节 总 结

第一，在股权转让前，出钱的一方，即投资人，应当对受让标的股权的真实性、出资情况、是否存在权利限制等方面聘请外部第三方进行尽职调查。商事交易具备外观主义，签约即须履行，事后反悔或推翻极其困难。

第二，如果尽职调查过程中产生了不利于交易的情形，应当提请股权转让方在合理时间内予以回应，如果能消除障碍再继续交易。

第三，如在尽职调查过程中，股权转让方存在欺诈、隐瞒重大事实等情形，可为今后产生纠纷提供证据基础。因此，股权转让的协议应当根据尽职调查的结果，列明本次交易可能产生的风险、相应的违约责任、交易障碍的解决方式等，而不是一张"格式模版"。

第七章
公司决议效力纠纷

"公司决议即公司'大脑'的意思表示,决定了公司对外的一切民事行为是否有效力。"

第一节　公司决议效力纠纷的请求权基础

一、理论基础

公司决议，即公司以法人为主体的意思表示，对外代表公司对各项重大事务，如投资、融资、合并、分配利润等作出的公司决定。

公司股权纠纷中大部分的纠纷产生原因，或多或少都与这个公司"意思表示"——公司决议有关。如股东出资纠纷中，股东是否增资，增资金额多少都需要股东会决议通过；公司证照返还纠纷中，谁有权保管公司证照需要公司股东会作出决议同意；公司盈余分配纠纷中，股东主张的利润分配依据，需要公司决议通过。公司解散纠纷中，公司解散的法定情形之一，即公司股东会作出决议进行解散，等等，不一而足。

《公司法》对公司决议的效力及瑕疵产生的后果，即公司决议不成立、公司决议无效、公司决议可撤销，作出了较为完备的规定，旨在防止公司治理失衡情形下，公司无法作出决议或决议不合法造成公司或股东利益的损失。

二、法律规范梳理

1. 公司决议不成立的请求权基础

《最高人民法院关于适用〈中华人民共和国公司法〉若干问题的规定（四）》（2021.1.1）

第一条　公司股东、董事、监事等请求确认股东会或者股东大会、董事会决议无效或者不成立的，人民法院应当依法予以受理。

第三条　原告请求确认股东会或者股东大会、董事会决议不成立、无效或者撤销决议的案件，应当列公司为被告。对决议涉及的其他利害关系人，可以依法列为第三人。一审法庭辩论终结前，其他有原告资格的人以相同的诉讼请求申请参加前款规定诉讼的，可以列为共同原告。

第五条　股东会或者股东大会、董事会决议存在下列情形之一，当事人主张决议不成立的，人民法院应当予以支持：

（一）公司未召开会议的，但依据公司法第三十七条第二款或者公司章程规定可以不召开股东会或者股东大会而直接作出决定，并由全体股东在决定文件上签名、盖章的除外；

（二）会议未对决议事项进行表决的；

（三）出席会议的人数或者股东所持表决权不符合公司法或者公司章程规定的；

（四）会议的表决结果未达到公司法或者公司章程规定的通过比例的；

（五）导致决议不成立的其他情形。

2. 公司决议无效的请求权基础

（1）《中华人民共和国公司法》（2018年）

第四条　公司股东依法享有资产收益、参与重大决策和选择管理者等权利。

第二十二条　公司股东会或者股东大会、董事会的决议内容违反法律、行政法规的无效。

第四十三条　股东会会议作出修改公司章程、增加或者减少注册资本的决议，以及公司合并、分立、解散或者变更公司形式的决议，必须经代表三分之二以上表决权的股东通过。

（2）《最高人民法院关于适用〈中华人民共和国公司法〉若干问题的规定（四）》（2017.9.1）

第一条　公司股东、董事、监事等请求确认股东会或者股东大会、董事会决议无效或者不成立的，人民法院应当依法予以受理。

第三条　原告请求确认股东会或者股东大会、董事会决议不成立、无效或者撤销决议的案件，应当列公司为被告。对决议涉及的其他利害关系人，可以依法列为第三人。

3. 公司决议可撤销的请求权基础

（1）《中华人民共和国公司法》（2018年）

第二十二条　股东会或者股东大会、董事会的会议召集程序、表决方式违反法律、行政法规或者公司章程，或者决议内容违反公司章程的，股东可以自决议作出之日起六十日内，请求人民法院撤销。

（2）《最高人民法院关于适用〈中华人民共和国公司法〉若干问题的规定（四）》（2021.1.1）

第二条　依据民法典第八十五条、公司法第二十二条第二款请求撤销股东会或者股东大会、董事会决议的原告，应当在起诉时具有公司股东资格。

第四条　股东请求撤销股东会或者股东大会、董事会决议，符合民法典第八十五条、公司法第二十二条第二款规定的，人民法院应当予以支持，但会议召集程序或者表决方式仅有轻微瑕疵，且对决议未产生实质影响的，人民法院不予支持。

第六条　股东会或者股东大会、董事会决议被人民法院判决确认无效或者撤销的，公司依据该决议与善意相对人形成的民事法律关系不受影响。

（3）《中华人民共和国民法总则》（2017.10）

第八十五条　营利法人的权力机构、执行机构作出决议的会议召集程序、表决方式违反法律、行政法规、法人章程，或者决议内容违反法人章程的，营利法人的出资人可以请求人民法院撤销该决议，但是营利法人依据该决议与善意相对人形成的民事法律关系不受影响

（4）《中华人民共和国民法典》（2021.1）

第八十五条　营利法人的权力机构、执行机构作出决议的会议召集程序、

表决方式违反法律、行政法规、法人章程，或者决议内容违反法人章程的，营利法人的出资人可以请求人民法院撤销该决议。但是，营利法人依据该决议与善意相对人形成的民事法律关系不受影响。

4. 公司决议之诉中的主体选择

《最高人民法院关于适用〈中华人民共和国公司法〉若干问题的规定（四）》（2017.9.1）

第二条　依据公司法第二十二条第二款请求撤销股东会或者股东大会、董事会决议的原告，应当在起诉时具有公司股东资格。

第三条　原告请求确认股东会或者股东大会、董事会决议不成立、无效或者撤销决议的案件，应当列公司为被告。对决议涉及的其他利害关系人，可以依法列为第三人。

一审法庭辩论终结前，其他有原告资格的人以相同的诉讼请求申请参加前款规定诉讼的，可以列为共同原告。

三、实务诉讼请求

公司决议纠纷是《公司法》中比较常见的纠纷之一，因公司作为法人，其主要意思表示均通过公司决议产生，因此公司决议纠纷中的不成立、撤销、无效之诉、确认有效之诉均会导致公司意思表示不同。那么，相关的诉求也自然因公司决议不成立、撤销、无效、有效而有所差别。当事人在起诉确认公司决议效力时，希望一并确认公司配合恢复股权变更登记，或要求被告根据决议内容返还公司证照等。但通过笔者搜索大量案例，法官在公司决议纠纷之诉中，一般只确认效力部分，而对其他诉求基本予以驳回。因此，如果希望实现其他诉求，还需要配合公司变更登记之诉、股权转让纠纷之诉等实现。

司法判例中，公司决议之诉法院判决列举：

1. 公司决议不成立之诉

法院判决结果如下：确认被告某某公司 2017 年 9 月 21 日作出的《股东会议决议》不成立。

法院判决结果如下：一是确认被告某某有限公司于 2017 年 3 月 6 日作出的两份《某某有限公司股东会决议》不成立；二是被告某某有限公司于本判决生效之日起五日内向义乌市市场监督管理局申请撤销于 2017 年 3 月 7 日作出的义乌市某某有限公司变更登记；三是驳回原告某某的其他诉讼请求。

法院判决结果如下：2018 年 11 月 30 日，某某公司股东会会议作出的解散公司的股东会决议不成立。

2. 公司决议撤销之诉

法院判决结果如下：一是撤销被告某某有限公司于 2017 年 12 月 25 日作出的《某某有限公司股东会决议（二）》；二是驳回原告的其他诉讼请求。

3. 公司决议无效之诉

法院判决结果如下：确认被告某某有限公司于 2016 年 5 月 27 日召开的临时股东大会所形成的《某某公司股东会决议》无效。

4. 公司决议效力确认之诉

法院判决结果如下：一是被告池州市某某有限公司于 2016 年 9 月 11 日形成的《池州市某某股东会议记录》为合法有效之公司决议；二是驳回原告的其他诉讼请求。

法院判决结果如下：确认原告徐州某某公司股东会解除被告股东资格的决议有效。

法院判决结果如下：一是确认被告某某有限公司于 2007 年 11 月 17 日作出的董事会决议中"某某先生辞去董事、董事长和总经理之职"的决议有效；二是驳回原告的其他诉讼请求。

第二节　公司决议效力纠纷的主要问题及实务指南

一、公司决议效力之诉的诉讼时效

笔者认为，公司决议效力之诉应当适用诉讼时效制度，可以类比于普通诉讼时效制度，从被侵害人知道或应当知道权利被侵害之日起（2年或3年）计算。起算时间坚持"知"与"害"主客观相统一原则。股东会对变更公司章程、延长经营期限等事项作出决议，其实质是公司股东通过参加股东会行使股东权利，决定设立或变更其与公司之间的民事法律关系的过程。效力确认之诉，系基于系争股东会决议侵犯了其作为股东有权参与决定公司设立、变更及终止的权利，对该种股东合法私权利的侵犯，实则为一种民事侵权责任。

基于公司制度的特殊性，该民事权利的救济方式主要体现在请求司法否认决议效力程序上。故对该种权利的保护，同样落入诉讼时效的客体范围，现有法律也无特别规定此种情形不适用诉讼时效，故根据民事权利属性和诉讼时效原理，应当适用普通诉讼时效规定。赋予其诉讼时效抗辩，有利于督促股东积极及时行使权利，如果无限期地允许股东随时请求否认决议效力，将使公司通过决议而形成的事实状态长期处于不稳定之中，破坏公司外部法律关系稳定。

例如，上海市第二中级人民法院审理的上海某某房地产开发有限公司与张某公司决议效力确认纠纷案【〔2016〕沪02民终10328号】认为：根据本案查明的事实，某某公司两位股东叶某、张某均确认2012年4月24日股东会会议俩人未参会，且张某的签字并非其本人所签。对于此种程序上存在重大瑕疵而欠缺成立要件的股东会决议，其法律性质属于不成立之状态，尚未进入成立后的效力评判阶段，故本案双方争议的股东会决议应定性为不成立。

关于本案是否适用诉讼时效规定，本院认为，张某起诉应当适用诉讼时效规定。关于诉讼时效期间有无届满，本院认为，根据我国法律规定，诉讼时效期间从知道或应当知道权利被侵害时起算。对于知害标准的确定，应当坚持"知"与"害"主客观相统一原则。本案中，张某作为公司股东，应当知道公司原经营期限到2012年6月26日届满，根据我国公司法规定，张某应当按期履行清算义务或办理延长手续，且作为一名勤勉、守法的股东，此时也完全可以通过查询发现工商登记中某某公司的经营期限已被延长的事实。即便事实上其未发现，但基于商事外观主义原则和工商登记具有公示的效力，亦可推定张某知道或应当知道公司工商变更登记事项。

二、确认股东会决议无效的条件

《公司法》规定，股东会实行资本多数决，即一般事项需要过半数股东表决权通过，重大事项需要三分之二以上的股东表决权通过。然而，并非所有表决权按照上述方式通过的决议均为有效。

《公司法》第二十二条规定："公司股东会或股东大会、董事会的决议内容违反法律、行政法规的无效。"违反法律的方式既包括违反"强制性规定"，也包括"不得滥用控股股东权利"。

《公司法》第二十条规定："公司股东应当遵守法律、行政法规和公司章程，依法行使股东权利，不得滥用股东权利损害公司或者其他股东的利益。"

1. 《公司法》规定，所负债务较大的个人不得担任高级管理人员，若相关股东决议仍选举债务人员担任高管的，则违反《公司法》的强制性规定，该股东决议无效

上海市第一中级人民法院审理的熊某与上海红某家纺有限公司公司决议效力确认纠纷案【〔2019〕沪01民终8325号】认为：根据《公司法》的规定，个人所负数额较大的债务到期未清偿的，不得担任公司的高级管理人员。本案二审中，熊某提供了证据欲证明董某尚欠案外人王某17700万元债务。虽然红某公司对此不予确认，但从本案已查明的事实及双方当事人的陈述来看，董某负有较大数额的债务，且因到期未清偿而被人民法院列为失信被执行人。因此，本院认为董某依法不能担任红某公司的高级管理人员。熊某要求确认系争股东会决议作出的由董某担任公司执行董事的决议无效的上诉请求成立，本院予以支持。

2. 修改单个股东的出资期限涉及股东自益权内容，不能根据"资本多数决"决议方式通过，该决议内容构成公司股东滥用权利而无效

上海市第一中级人民法院审理的葛某与佳某公司公司决议效力确认纠纷案【〔2019〕沪01民终6865号】认为：2017年8月14日，公司董事召集临时股东会，在葛某、B公司未出席的情况下，控股股东Z公司及Y公司、彭某经三分之二以上表决权通过系争股东会决议，修改上述公司章程第五条，单独将葛某的出资时间提前至2016年10月17日。该股东会决议对公司章程的修改，并非是全体股东的合意变更，而是对小股东葛某自益权的非善意处分，违背了葛某的真实意志，该决议事项实质上已超越了股东会的职权范围，损害了葛某作为小股东的合法利益，构成《公司法》第二十条规定的公司股东滥用权利，应当认定为无效。

3. 差异化减资仅有多数表决同意的无效：不同比例减资会直接突破公司设立时的股权分配情况，故对于不同比例减资，应由全体股东一致同意

无锡市中级人民法院审理的陈某和与联某公司公司决议效力确认纠纷案【〔2017〕苏02民终1313号】认为：一是不同比减资会直接突破公司设立时的股权分配情况，如果只要经三分之二以上表决权的股东通过就可以作出不同比减资的决议，实际上是以多数决的形式改变公司设立时经发起人一致决所形成的股权架构，故对于不同比减资，应由全体股东一致同意，除非全体股东另有约定。二是联某公司对部分股东进行减资，而未对陈某和进行减资的情况下，不同比减资导致陈某和持有的联某公司股权从3%增加至9.375%，而从联某公司提供的资产负债表、损益表看，联某公司的经营显示为亏损状态，故陈某和持股比例的增加在实质上增加了陈某和作为股东所承担的风险，损害了陈某和的股东利益。三是股东应当遵守法律、行政法规和公司章程，依法行使股东权利，不得滥用股东权利损害公司或者其他股东的利益。而联某公司召开的四次股东会均未通知陈某和参加，并且利用大股东的优势地位，以多数决的形式通过了不同比减资的决议，直接剥夺了陈某和作为小股东的知情权、参与重大决策权等程序权利，也在一定程度上损害了陈某和作为股东的实质利益。

4. 违法除名股东资格：系争决议内容，若黄某未按期出资，其股权由其他股东出资取得，实际上剥夺了黄某相应比例的股东资格，致黄某丧失股东权利，应属无效

上海市第一中级人民法院审理的吾某公司诉黄某公司决议效力确认纠纷案【〔2014〕沪一中民四（商）终字第2047号】认为：2014年3月26日，吾某公司股东会召开临时股东会会议，形成股东会决议（以下简称系争决议）：如有股东未能按约定期限、金额履行出资义务的，其他股东可以协商代为出资，代为出资部分股权转让至出资股东名下。在表决中，王某、唐某投同意票，占股88%；黄某投不同意票，占股12%。

法院审理认为：第一，系争决议第四条的内容实为对未完全履行出资义务的股东就其未出资部分的股东资格予以除名……根据系争决议内容，若黄某未按期出资，其股权由其他股东出资取得，实际上剥夺了黄某相应比例的股东资格，致黄某丧失股东权利，应属无效。第二，根据《公司法司法解释（三）》第十七条的规定，若股东未全面履行出资义务的，公司可根据股东会决议对其利润分配请求权、新股优先认购权等财产性股东权利作出相应合理限制，但并未赋予公司限制或剥夺股东继续出资取得股东资格的权利。吾某公司如果要剥夺股东的资格，必须通过司法程序予以确认，且吾某公司理应先行主张黄某完成出资义务，但不应通过系争决议变相剥夺其股东资格。所以股东会决议第四条的内容应属无效。

三、确认股东会决议可撤销的条件

《公司法》规定："股东会或者股东大会、董事会的会议召集程序、表决方式违反法律、行政法规或者公司章程，或者决议内容违反公司章程的，股东可以自决议作出之日起六十日内，请求人民法院撤销。"

召集程序存在瑕疵是实践中较为常见的一种程序瑕疵，《公司法》第三十九条规定："股东会会议分为定期会议和临时会议。定期会议应当依照公司章程的规定按时召开。代表十分之一以上表决权的股东，三分之一以上的董事，监事会或者不设监事会的公司的监事提议召开临时会议的，应当召开临时会议。"第四十条规定："有限责任公司设立董事会的，股东会会议由董事会召集，董事长主持；董事长不能履行职务或者不履行职务的，由副董事长主持；副董事长不能履行职务或者不履行职务的，由半数以上董事共同推举一名董事主持。有限责任公司不设董事会的，股东会会议由执行董事召集和主持。"若违反上述召集、通知程序，则相关的股东会决议可能因程序瑕疵问题而被撤销。

1. 公司章程约定了重大事项应通过90%表决的，仅达到70%表决权的，该决议程序存在瑕疵，应予以撤销

上海市第二中级人民法院审理的上海协某置业发展有限公司与张某公司决议撤销纠纷案【〔2017〕沪02民终10144号】认为：股东会的会议召集程序、表决方式及决议内容，应当符合法律、行政法规及公司章程的规定，如有违反的，股东可以请求人民法院予以撤销。协某公司于2016年10月13日召开股东会，虽已根据公司章程及法律的规定，提前通知了各股东，但该会议所做决议，仅有占公司表决权70%的两名股东通过，有违公司章程中关于股东会决议的表决方式。张某据此请求人民法院予以撤销，于法有据，应予支持。

2. 股东会通知仅以EMS文件寄送且未标注文件系"股东会议通知"的，应当认定为召集程序瑕疵，该决议可以予以撤销

上海市青浦区人民法院审理的刘纯某与金运达公司公司决议撤销纠纷案【〔2015〕青民二（商）初字第2465号】认为：被告各股东之间已经多年诉讼，其中包括有关股东会决议效力及撤销公司决议的诉讼，故被告及其执行董事梁某应当明知各股东之间互不信任、难以召开股东会的状况，而被告于2015年8月17日寄给原告的EMS信封上仅标注"文件"字样，难以证明信封内为股东会开会通知函。被告对自己提出的反驳对方诉讼请求所依据的事实有责任提供证据加以证明，现被告无法提供证明其于2015年8月17日向原告寄送的EMS函件中为股东会开会通知函，应当由其承担不利后果。被告股东会会议召集程序违反法律规定，应当撤销。

四、确认股东会决议不成立的条件

《公司法》规定："股东会或者股东大会、董事会决议存在下列情形之一，当事人主张决议不成立的，人民法院应当予以支持：（一）公司未召开会议

的，但依据公司法第三十七条第二款或者公司章程规定可以不召开股东会或者股东大会而直接作出决定，并由全体股东在决定文件上签名、盖章的除外；（二）会议未对决议事项进行表决的；（三）出席会议的人数或者股东所持表决权不符合公司法或者公司章程规定的；（四）会议的表决结果未达到公司法或者公司章程规定的通过比例的；（五）导致决议不成立的其他情形。"

因此，若满足上述情形之一的，股东会决议应当直接认为不成立，这是《公司法》修改以后的一大变化。之前的《公司法》对于未召开会议作出决议的，一般认为"无效"，这一变化要予以区别。笔者认为，修改后的《公司法》对于"不成立"的确定和区分，更符合民事法律行为效力的评判标准统一，值得肯定。

1. 临时股东会召集程序违法，系未有效召开，法院认定股东会决议不成立

上海第一中级人民法院审理的泛某环保公司诉美某公司公司决议效力确认纠纷案【〔2019〕沪01民终1946号】认为：争议焦点在于系争2018年5月18日临时股东会决议召集程序是否符合法律、法规及美某公司章程规定。泛某公司主张自2017年4月28日董事会召集的临时股东会未按时召开之后，董事会一直没有再次召开临时股东会，证明董事会不履行或不能履行召开股东会会议的职责，因此系争股东会由监事召集符合法律法规及公司章程的规定。对此本院认为，依据美某公司章程第十一条规定，"股东会会议由董事会召集，董事长主持；董事长不能履行职务或者不履行职务的，由半数以上董事共同推举一名董事主持；董事会不能履行或者不履行召集股东会会议职责的，由监事召集和主持。"泛某公司主张美某公司董事会不能履行召集股东会的职责，未能提供相应证据予以证实，本院不予采信。在董事会能够履职的情况下，由监事直接召集股东会违反公司章程的相关规定，一审据此认定系争股东会召集程序违法，本院予以认同。关于股东会的召集通知送达情况等问题，一审法院也已经作出详尽、具体的分析，本院不再赘述。鉴

于系争股东会决议内容是对部分股东的股东资格予以解除，一审法院认为应当确保拟被除名股东的合法权益，对相关股东会的召集、决议等程序问题严格按照法律、法规规定及公司章程予以审核，本院亦予以认同。

2. 股东会的议事规则在于股东之间表达观点，商议公司经营事项，未能容忍短时间迟到而径直作出决议，违反了诚实信用，表决程序不合法，股东会决议不成立

上海市第一中级人民法院审理的谢豪某诉上海振某公司公司决议效力确认纠纷案【〔2018〕沪01民终7619号】认为：依据我国《民法总则》第一百三十四条的规定，公司决议属于民事法律行为，效力应遵循一般民事法律行为的规则，只有依法成立方能生效。《最高人民法院关于适用〈中华人民共和国公司法〉若干问题的规定（四）》第五条中规定了公司决议不成立的若干情形，其中包括会议未对决议事项进行表决。根据振某公司章程："股东会会议由执行董事召集并主持，执行董事不能履行职务或不履行职务的，由监事召集和主持。"本案中，许崇某作为公司执行董事已履行召集股东会会议的职责，股东会召开当天，许崇某仅迟到半小时，不存在前述规定中执行董事不能履行或不履行主持股东会会议职务的情形，谢豪某作为监事自行主持会议并表决的行为不符合法律和章程规定的会议程序，不能认定为该次股东会已经有效召开和表决。一审法院认定系争决议不成立，本院予以认同。

3. 持股70%的股东兼监事自行召开股东会决议，提前15日通知其他股东的，采用公证方式公证会议过程的，符合程序，该股东会决议有效

上海市第一中级人民法院审理的姚某与耿某公司公司决议纠纷案【〔2019〕沪01民终13429号】认为：其一，法律及耿某公司章程规定执行董事不履行召集股东会议职责的，由监事召集和主持。本案中，在系争股东会决议形成之前，姚某作为执行董事，张宏某向其发送了关于召开临时股东会会议的

提议，姚某确认收到了，其后并未召集相关会议，作为监事的张宏某自行召集股东会会议，于法不悖。其二，法律及耿某公司章程规定召开股东会会议，应当于会议召开十五日前通知全体股东，其本意是为保障股东能在开会前收到相关通知，并给予股东必要的准备时间，保障股东行使权利。本案中，系争股东会会议于 2018 年 7 月 18 日召开，张宏某于 2018 年 6 月 27 日即向姚某发送了通知，符合法律规定。张宏某已在开会通知中告知会议议题，该通知于 2018 年 7 月 1 日签收，姚某自认收到该通知后于 2018 年 7 月 17 日向张宏某发出回复函，故其完全有充分时间为参加会议做准备并行使其股东权利。其三，法律及耿某公司章程并未规定决议结果作出后需要通知股东。需要说明的是，即便认定姚某主张的前述情形为决议程序瑕疵，因《公司法司法解释（四）》第五条第五项的其他情形，应是同前四项严重程度相当的其他重大瑕疵，而姚某主张的前述情形显然不成立重大瑕疵，故对于姚某主张系争股东会会议召集和通知程序违法，符合《公司法司法解释（四）》第五条第五项的其他情形，姚某该主张亦无相应事实和法律依据，不予支持。

小结

法律不保护躺在权力上睡觉的人。若股东或受侵害人认为公司决议效力可能存在瑕疵的，受侵害人应当尽早行使撤销权或请求效力确认。对于不同的效力瑕疵，法律后果也不尽相同。

第一种情形：股东决议程序存在瑕疵，但不影响实质效力的，在民商事审判中，法官倾向于并不支持股东决议撤销，理由是，即便该瑕疵不存在，也不会对股东决议及其效果产生实质性影响。因此，只有存在重大程序性瑕疵，直接影响到股东利益时，应及时行使撤销权。

第二种情形：股东决议内容违反法律、行政法规的无效。根据民法原则，无效的法律行为，自始无效，不受诉讼时效限制。尤其是以冒名、伪造他人签名，签署股东决议的行为，根本性地违反了法律和行政法规的规定，应当属于股东决议不成立的情形。然而，在司法审判中，我们注意到法官会依据侵权法律关系，即2—3年之内，据此判断是否超过诉讼时效。这也是审判实务与法律规范的差别。在存在外部债权人时，股东决议即便是被冒名签字，股东决议无效或撤销的，也不影响外部善意相对人据此形成的民事法律关系。

第三节 总 结

1. 避免股东会决议无效的建议

虽然《公司法》规定了修改公司章程、增资、减资等行为须公司三分之二以上表决权股东通过即可。但形式上满足资本多数决，实质上违背《公司法》基本原则，侵犯股东自益权的决议仍然无效。

建议各位大股东在增资、减资、分红、转让公司财产等涉及股东权利的情形时，充分履行程序合法的要求，注意以下几点：

（1）涉及公司减资时，严格根据《公司法》有关减资的程序作出表决，注意应当同比例减资。

（2）如果公司经营遇到融资难题需要股东出资或增资的，作出全体出资到期的决议；如不同意增资的股东，可限制其分红权、表决权等实体性权利。

（3）经营过程中，遇到股东不愿意缴纳出资或股东矛盾的，切不可直接作出除名，应当严格履行解除股东资格的法定程序。笔者建议，每个创业公司的控股人都能看得更远，如在公司章程中设置股东的灵活退出条款，将大大减少公司僵局的概率，有利于公司经营和稳定。

2. 避免公司决议撤销的建议

公司决议撤销的前提多是因为召集程序、表决方式违反法律规定，因此建议如下：

（1）根据《公司法》及公司章程的规定，提前15日或其他有效时间，向全体股东有效接收地址发送会议通知，并在显著位置注明会议议题、会议时间、会议地点等，如通过 EMS 发送的，须在快递上注明"股东会通知及会议主要议题"。

（2）如第一召集人董事会／执行董事无法召集股东会，监事须召集会议的，应当保存董事会无法召集的相关证据，如拒绝召集，或合理时间内不予回应。

（3）建议出资协议中约定各股东有效的法律文书／通知接收方式和通信地址，防止今后因股东矛盾无法送达延误公司决策。

（4）对重要决策事项或存在特殊情形的股东会议，灵活选用公证送达（注意是公证送达而非公告送达）程序、股东会会议公证程序，最大限度保障程序正当合法。

（5）特别提醒，股东出资协议中应灵活设置股东退出程序，防止因股东矛盾导致表决程序无法实施，公司决策僵局无法经营。

3. 避免公司决议不成立的建议

公司决议不成立大多由于以下原因：公司未召开股东会决议、未对投票事项进行表决或表决结果未达到公司章程比例等，因此，建议公司股东会、董事会召开会议注意以下几点：

（1）简化会议召集程序，并作好会议记录工作。

（2）对会议决议过程进行全程记录，如出现股东无法联系情形，进行公告送达，并委托公证机构对会议过程进行全程公证。

（3）对投票事项进行逐一投票和记录，并根据公司章程约定的表决结果记录会议结果，及时将会议结果通知各股东或董事。

（4）在公司章程中明确约定无须召开股东会的情形，并对无须召开股东会的事项取得所有股东的一致同意。

第八章
损害公司利益责任纠纷

"现代公司法理念强调公司所有权和经营权分离,公司高管、股东如损害公司利益,公司或公司股东可径直要求损害方承担赔偿责任。"

第一节　损害公司利益责任纠纷的请求权基础

一、理论基础

随着现代企业所有权和经营权的分立,设立规范的公司治理机制,聘用有管理技能和经验的高级管理人员是现代企业管理制度的基本要求。正如一枚硬币的正反两面,聘用高级管理人虽然为股东节省了管理时间和精力,但如果公司的治理制度形同虚设,公司高管极容易出现违反忠实勤勉义务、损害公司利益的行为。

一旦出现此类行为,《公司法》赋予公司及其股东一项救济制度,即允许公司或股东向上述损害公司利益的行为人要求赔偿损失。本章讲述的损害公司利益责任纠纷,即是针对公司高级管理人员违反法律、行政法规或者公司章程的规定,给公司造成损失的,公司或股东可以请求公司对以上人员提起诉讼要求赔偿的制度。该项救济措施,既可以通过公司直接诉讼的方式来实现,也可以通过股东代表诉讼的方式来实现。

二、法律规范梳理

1.《中华人民共和国公司法》(2018年)

第三条　公司是企业法人,有独立的法人财产,享有法人财产权。

第二十条　公司股东应当遵守法律、行政法规和公司章程,依法行使股东权利,不得滥用股东权利损害公司或者其他股东的利益;不得滥用公司法人独立地位和股东有限责任损害公司债权人的利益。

公司股东滥用股东权利给公司或者其他股东造成损失的，应当依法承担赔偿责任。

公司股东滥用公司法人独立地位和股东有限责任，逃避债务，严重损害公司债权人利益的，应当对公司债务承担连带责任。

第二十一条　公司的控股股东、实际控制人、董事、监事、高级管理人员不得利用其关联关系损害公司利益。违反前款规定，给公司造成损失的，应当承担赔偿责任。

第一百四十七条　董事、监事、高级管理人员应当遵守法律、行政法规和公司章程，对公司负有忠实义务和勤勉义务。

董事、监事、高级管理人员不得利用职权收受贿赂或者其他非法收入，不得侵占公司的财产。

第一百四十八条　董事、高级管理人员不得有下列行为：

（一）挪用公司资金；

（二）将公司资金以其个人名义或者以其他个人名义开立账户存储；

（三）违反公司章程的规定，未经股东会、股东大会或者董事会同意，将公司资金借贷给他人或者以公司财产为他人提供担保；

（四）违反公司章程的规定或者未经股东会、股东大会同意，与本公司订立合同或者进行交易；

（五）未经股东会或者股东大会同意，利用职务便利为自己或者他人谋取属于公司的商业机会，自营或者为他人经营与所任职公司同类的业务；

（六）接受他人与公司交易的佣金归为己有；

（七）擅自披露公司秘密；

（八）违反对公司忠实义务的其他行为。

董事、高级管理人员违反前款规定所得的收入应当归公司所有。

第一百四十九条　董事、监事、高级管理人员执行公司职务时违反法律、行政法规或者公司章程的规定，给公司造成损失的，应当承担赔偿责任。

第一百五十一条　董事、高级管理人员有本法第一百四十九条规定的情形的，有限责任公司的股东、股份有限公司连续一百八十日以上单独或者合计持有公司百分之一以上股份的股东，可以书面请求监事会或者不设监事会的有限责任公司的监事向人民法院提起诉讼；监事有本法第一百四十九条规定的情形的，前述股东可以书面请求董事会或者不设董事会的有限责任公司的执行董事向人民法院提起诉讼。

监事会、不设监事会的有限责任公司的监事，或者董事会、执行董事收到前款规定的股东书面请求后拒绝提起诉讼，或者自收到请求之日起三十日内未提起诉讼，或者情况紧急、不立即提起诉讼将会使公司利益受到难以弥补的损害的，前款规定的股东有权为了公司的利益以自己的名义直接向人民法院提起诉讼。

他人侵犯公司合法权益，给公司造成损失的，本条第一款规定的股东可以依照前两款的规定向人民法院提起诉讼。

2.《最高人民法院关于适用〈中华人民共和国公司法〉若干问题的规定（四）》（2021.1）

第二十三条 监事会或者不设监事会的有限责任公司的监事依据公司法第一百五十一条第一款规定对董事、高级管理人员提起诉讼的，应当列公司为原告，依法由监事会主席或者不设监事会的有限责任公司的监事代表公司进行诉讼。

董事会或者不设董事会的有限责任公司的执行董事依据公司法第一百五十一条第一款规定对监事提起诉讼的，或者依据公司法第一百五十一条第三款规定对他人提起诉讼的，应当列公司为原告，依法由董事长或者执行董事代表公司进行诉讼。

第二十四条 符合公司法第一百五十一条第一款规定条件的股东，依据公司法第一百五十一条第二款、第三款规定，直接对董事、监事、高级管理人员或者他人提起诉讼的，应当列公司为第三人参加诉讼。

一审法庭辩论终结前，符合公司法第一百五十一条第一款规定条件的其他股东，以相同的诉讼请求申请参加诉讼的，应当列为共同原告。

第二十五条　股东依据公司法第一百五十一条第二款、第三款规定直接提起诉讼的案件，胜诉利益归属于公司。股东请求被告直接向其承担民事责任的，人民法院不予支持。

第二十六条　股东依据公司法第一百五十一条第二款、第三款规定直接提起诉讼的案件，其诉讼请求部分或者全部得到人民法院支持的，公司应当承担股东因参加诉讼支付的合理费用。

3.《中华人民共和国民法总则》（2017.10）

【营利法人监督机构】第八十二条　营利法人设监事会或者监事等监督机构的，监督机构依法行使检查法人财务，监督执行机构成员、高级管理人员执行法人职务的行为，以及法人章程规定的其他职权。

【营利法人关联交易】第八十四条　营利法人的控股出资人、实际控制人、董事、监事、高级管理人员不得利用其关联关系损害法人的利益。利用关联关系给法人造成损失的，应当承担赔偿责任。

4.《全国法院民商事审判工作会议纪要》（2019.11）

【何时成为股东不影响起诉】股东提起股东代表诉讼，被告以行为发生时原告尚未成为公司股东为由抗辩该股东不是适格原告的，人民法院不予支持。

【正确适用前置程序】根据《公司法》第151条的规定，股东提起代表诉讼的前置程序之一是，股东必须先书面请求公司有关机关向人民法院提起诉讼。一般情况下，股东没有履行该前置程序的，应当驳回起诉。但是，该项前置程序针对的是公司治理的一般情况，即在股东向公司有关机关提出书面申请之时，存在公司有关机关提起诉讼的可能性。如果查明的相关事实表明，根本不存在该种可能性的，人民法院不应当以原告未履行前置程序为由驳回起诉。

【股东代表诉讼的调解】公司是股东代表诉讼的最终受益人，为避免因原告股东与被告通过调解损害公司利益，人民法院应当审查调解协议是否为公司的意思。只有在调解协议经公司股东（大）会、董事会决议通过后，人民法院才能出具调解书予以确认。至于具体决议机关，取决于公司章程的规定。公司章程没有规定的，人民法院应当认定公司股东（大）会为决议机关。

5.《中华人民共和国民法典》（2021.1.1）

第八十二条　营利法人设监事会或者监事等监督机构的，监督机构依法行使检查法人财务，监督执行机构成员、高级管理人员执行法人职务的行为，以及法人章程规定的其他职权。

第八十四条　营利法人的控股出资人、实际控制人、董事、监事、高级管理人员不得利用其关联关系损害法人的利益；利用关联关系造成法人损失的，应当承担赔偿责任。

三、实务诉讼请求

损害公司利益责任纠纷是近年来增长比较多的《公司法》案件类型之一，从全国各地区案件数量来看，上海、广东和江苏是该类案件司法判决书最多的区域。当事人聘请律师提请损害公司利益之诉，大多因为公司高管、股东、监事存在《公司法》第二十一条、第一百四十七条、第一百四十八条、第一百四十九条之违反行为，造成公司利益受损。因此，该类诉求多以要求被告赔偿损失、行使归入权等作为诉求依据。

司法判例中，损害公司利益之诉法院判决列举如下。

1. 赔偿之诉

法院判决结果如下：一是被告应于本判决生效之日起十日内赔偿原告某某公司某某元；二是驳回原告某某公司的其他诉讼请求。

法院判决结果如下：一是限被告于本判决生效后十日内支付原告赔偿金

52.5万元；二是驳回原告其他诉讼请求。

法院判决结果如下：被告于本判决发生法律效力之日起十日内赔偿原告某某公司55万元，并支付利息（其中45万元自2012年5月9日起；10万元自2012年5月10日起，均按中国人民银行同期同类贷款利率计算至实际给付之日）。

2. 归入权之诉

法院判决结果如下：一是被告于本判决生效后十日内向原告某某公司支付竞业禁止收入人民币20万元；二是驳回原告北京某某国际科技发展有限公司的其他诉讼请求。

法院判决结果如下：一是被告某某返还原告某某公司所有的款项98万元；二是被告返还原告某某公司所有的牌号为浙B某某号某某轿车一辆及浙BF某某号某某轿车一辆。以上款、物限于本判决发生法律效力后十日内履行。

法院判决结果如下：一是某某于本判决生效后七日内返还某某公司财产665544元，并按照中国人民银行同期同类人民币贷款基准利率支付至款实际清偿之日止的利息（其中430000元的利息起算时间为2017年1月24日；101094元的利息起算时间为2017年1月25日，134450元的利息起算时间为2017年6月15日）；二是驳回某某公司的其他诉讼请求。

第二节　损害公司利益责任纠纷的主要问题及实务指南

损害公司利益责任的纠纷中，可以通过公司直接起诉侵害人要求赔偿公司相关损失，也可以通过股东代表诉讼制度，要求侵害人赔偿公司相关损失，具体如下。

一、公司直接诉讼

公司直接诉讼，是指他人侵害公司利益给公司造成损失时，由公司监事会、监事或董事会、董事，以公司名义直接提起的诉讼。

公司直接诉讼中，以公司为原告，以监事会负责人、监事或董事会负责人、董事为诉讼代表人。

《公司法》第一百五十一条："董事、高级管理人员有本法第一百四十九条规定的情形的，有限责任公司的股东、股份有限公司连续一百八十日以上单独或者合计持有公司百分之一以上股份的股东，可以书面请求监事会或者不设监事会的有限责任公司的监事向人民法院提起诉讼；监事有本法第一百四十九条规定的情形的，前述股东可以书面请求董事会或者不设董事会的有限责任公司的执行董事向人民法院提起诉讼。"

总结来说：公司直接诉讼要求符合以下条件：①行为人存在侵害公司利益的事实；②公司利益受到损害；③行为人侵害行为与公司利益受损存在因果关系；④由公司监事会、监事或董事会、董事以公司名义提起诉讼。

二、股东代表诉讼

《公司法》设置了股东代表诉讼制度，但也为该制度的实施提供了前置程序，即股东须先诉诸公司内部救济，在公司内部救济无效时，才能径直允许公司股东代表公司向相关人员提起诉讼。

《公司法》第一百五十一条规定，股东提起股东代表诉讼之前，应当书面请求监事会或者不设监事会的有限责任公司的监事向人民法院提起诉讼，如果监事会或监事收到书面请求后拒绝提起诉讼或自收到请求之日起三十日内未提起诉讼，或者情况紧急、不立即提起诉讼将会使公司利益受到难以弥补的损害的，前款规定的股东有权为了公司的利益以自己的名义直接向人民法院提起诉讼。

1. 股东代表诉讼中谁做原告

股东代表诉讼中有权提起股东代表之诉的主体为"有限责任公司的股东、股份有限公司连续一百八十日以上单独或者合计持有公司百分之一以上股份的股东"。

2. 股东代表诉讼中谁做被告

董事、高级管理人员违反《公司法》第一百四十九条情形，或任何公司之外侵害公司利益的第三人。

3. 股东代表诉讼中谁做第三人

由于股东系代表公司利益提出该诉讼，则诉讼结果直接与公司利益相关，公司为该案第三人。

三、损害公司利益的常见情形及实务指南

1. 股东利用控股地位占用公司贷款资金未偿还，造成公司损失的，应当予以偿还

青岛市中级人民法院审理的青岛某某机械科技有限公司与陈某、北京市某某制造厂损害公司利益责任纠纷案【〔2016〕鲁 02 民终 6544 号】认为：一、二审诉讼期间已经查明，陈某担任青岛某某公司法定代表人期间，青岛某某公司贷款 200 万元后将款项转入北京某某制造厂名下，虽然上诉人主张该款项是公司股东一致同意以贷款支付欠北京某某制造厂的货款以及陈某的分红款，但并未提交直接证据证明该贷款与货款及分红款之间有关联性。针对上述俩公司之间的业务往来及债权、债务，上诉人可组织证据后另行主张，本院不予审查。在没有证据证明 200 万元转款合法有据的情况下，陈某的行为违反了《公司法》高级管理人员不得损害公司利益的规定，并给公司造成损失，应当承担赔偿责任。另，陈某没有证据证明其将公司账目及会计凭证全部归还公司，青岛某某公司诉请其归还公司 2006 年至 2007 年会计凭证的诉讼请求合法有据，本院亦予以支持。

2. 高管未经公司同意将利润分红直接转至自身控制公司，系侵害公司利益的行为，应当返还

上海市第二中级人民法院审理的上海某晨信息公司、钟某与杭州利某公司损害公司利益责任纠纷案【〔2018〕沪 02 民终 3071 号】认为：董事、监事、高级管理人员不得利用职权侵占公司财产。杭州利某公司主张返还的款项系以其名义对外经营过程中的应收款项。钟某对划转系争款项的事实予以认可，但称系争款项并非非法占有而是其应得利润款。根据《合作协议》的约定，分公司独立建立财务账，每月核定利润，财务支出由钟某核定后，杭州利某公司授权人审批后才能有效。钟某在未与杭州利某公司进行利润结算的情况下自行将杭州利某公司的钱款转划，缺乏合同依据以及合理正当的事

由。钟某利用职权擅自从杭州利某公司划款的行为实不足取。综合上述分析,钟某应当向杭州利某公司返还擅自转划的系争款项。

3. 公司怠于起诉获取合同利益的,作为公司股东可直接代表公司起诉合同相对方,以获取合同利益奖励管理团队

上海市第一中级人民法院审理的倪某某诉朱某损害公司利益责任纠纷案【〔2017〕沪01民终5622号】认为:倪某某有权主张由Z公司等直接向项目管理团队员工支付管理奖励费。首先,自倪某某提起本案诉讼后,G公司与Z公司等一致辩称管理奖励费是虚构的、不真实的。G公司与Z公司等为阻止项目管理团队获得管理奖励费,多次相互串通恶意阻碍本案诉讼的进行。其次,2009年4月9日的《补充协议》约定,项目管理团队员工奖励由Z公司等直接发放项目管理团队员工。项目管理团队自2011年11月起即开始起诉追讨管理奖励费,至今已历经近六年,而由Z公司等直接向项目管理团队员工支付管理奖励费则可以切实解决纠纷、避免讼累。综上所述,在G公司应向项目管理团队员工发放的管理奖励费金额能够确定的基础上,Z公司等应将管理奖励费7000余万元支付给项目管理团队。

4. 股东侵占公司收入并未能提供证据证明均已全部用于公司支出的,应当就侵占收入与支出之间差额承担返还义务

上海市第二中级人民法院审理的王某与张某损害公司利益责任纠纷案【〔2017〕沪02民终9802号】认为:振某公司财产与王某个人财产确实存在混同的情况。1526号案件已经查明王某名下某银行账户部分存款来源于振某公司,据此可以认定,王某作为振某公司法定代表人及总经理,存在将公司资金即案涉租金收入4476754元以及动迁补偿款273818元存入其个人银行账户的行为。原审法院在依法审查王某提供的证据的基础上,结合振某公司的实际经营状况,酌定振某公司经营支出费用为100万元,并无不当。王某未能就其个人银行账户内属振某公司的资金举证证明已经全部用于振某公司的日常经营,构成侵占公司财产的行为,应当向振某公司返还。

5. 公司清算期间，作为公司清算组成员的公司股东兼高管，在清算期间进行虚假"循环走账"导致公司财产损失，应当予以返还

上海市第一中级人民法院审理的林某与上海伊某公司损害公司利益责任纠纷案【〔2019〕沪 01 民终 11966 号】认为：林某作为伊某公司自行清算期间的清算组成员，组织实施虚假的"循环走账"行为，违反了基本的财务管理制度，属不当行为，伊某公司财务账面因此实际缺损了 8.2 万元，且该款项进入了公司员工陈某的账户，并由林某支配使用。林某抗辩认为，上述 8.2 万元已经用于遣散员工，但其无切实证据予以证实。经本院核实，林某并无必要在公司清算期间以其个人名义遣散员工，同时该五名员工的身份、录用期间均存在异议，也无上述人员签收具体款项的凭据。故林某的上诉事由，本院不予采信。胡某作为伊某公司的法定代表人、股东、执行董事和总经理，与林某共同签发决议、通知，应当知晓"循环走账"行为的性质及后果，主观和客观上具备了共同的故意，一审判决其承担补充赔偿责任，并无不妥，本院予以确认。

6. 公司以虚拟集团名义对外签订合同，并以公司某股东个人名义作为收款账户，该股东个人收款的行为是否构成对公司资金的侵占

上海市第一中级人民法院审理的武汉某公司与谭明某等损害公司利益责任纠纷案【〔2019〕沪 01 民终 2306 号】认为：由于某某集团未经登记，并非法律实体，……某某集团因无法以集团的名义开立银行账户，收支款项，其必然借用其他主体的银行账户对资金进行管理。谭明某名下的 9714 号卡即为某某集团使用的银行卡，该卡被用于向各股东（包括谭明某自己）发放分红、收取货款及投资款、支付股东退股款等，同时，龙某作为某某集团的财务总监在一审中作证陈述，9714 号卡为集团卡，卡和密码均由财务人员掌握，故可以认定 9714 号卡虽然户名为谭明某，但实际由某某集团使用，并非谭明某的个人银行卡。目前并无有效证据显示谭明某曾将 9714 号卡用于个人用途，故上诉人要求谭明某承担还款责任，缺乏事实和法律依据。

7. 股东代表诉讼的前置程序系内部监督机制，并非以阻碍股东自行诉讼为目的，有证据证明公司无法行使诉权的，股东可以直接以自身名义行使诉权

上海第一中级人民法院审理的徐某诉上海某科教发展有限公司损害公司利益责任纠纷案【〔2017〕沪01民终5255号】认为：股东代表诉讼的前置程序设置系为了发挥公司内部监督机制，竭尽公司内部救济，并非以阻碍股东自行诉讼为目的。当公司内部职能部门怠于以公司名义对损害公司利益的行为提起诉讼时，股东有权以自己的名义代公司起诉。因此，对于股东是否已经履行前置程序，判断标准不能过于严格。本案中，虽然某公司的函件被退回，但在钟某公司未主动行使诉权，且无实际经营地址可以送达的情况下，某公司已经穷尽了其要求公司自行救济的手段。由此，一审法院确认某公司完成了股东代表诉讼的前置程序，是本案的适格原告。

8. 未经股东会决议审批，法定代表人擅自转让公司控股的五家幼儿园，构成对公司利益的损害，股东有权要求该法定代表人承担损害赔偿责任

上海市第一中级人民法院审理的徐某诉上海某科教发展有限公司损害公司利益责任纠纷案【〔2017〕沪01民终5255号】认为：钟某公司名下除五家幼儿园外并无其他经营项目，上诉人作为公司董事及法定代表人，依法对公司负有忠实勤勉的义务。现钟某公司名下的五家幼儿园全部被转让，公司名下已无任何经营项目，鉴于相关转让合同均由上诉人以法定代表人身份代表钟某公司签订，且上诉人自认此事未经钟某公司董事会或股东会形成书面决议，则上诉人应举证证明五家幼儿园系在被上诉人委派的董事严某主持下进行转让的事实，方可证明转让幼儿园并非上诉人擅自而为。但上诉人在本案一、二审期间并未提供有效证据证明此节事实。上诉人擅自转让幼儿园，致使钟某公司实际无经营项目，该行为损害了钟某公司的利益。

9. 经理占用公司资金拒不退还，导致公司被案外人起诉赔偿，该经理就公司损失承担赔偿责任

上海第一中级人民法院审理的夏某诉上海某公司损害公司利益责任纠纷案【〔2017〕沪 01 民终 9410 号】认为：案外人 A 公司在重复向某公司支付货款 48600 元后，夏某取走了 49000 元。夏某对此解释为用于公司的正常经营。在本案审理中，双方对某公司已长期不经营做了确认，因此，夏某的上述抗辩主张有违常理。鉴于夏某亦未进一步举证证明其抗辩主张，故其取走 A 公司重复支付的 48600 元缺乏法律依据，某公司要求夏某予以返还的理由正当，应予支持。

10. 高管违反公司授权审批制度，违反忠实勤勉义务，超出授权范围将公司资产转让造成损失的，应当承担赔偿责任

上海市第一中级人民法院审理的徐某诉上海某重工有限公司损害公司利益责任纠纷案【〔2017〕沪 01 民终 8450 号】认为：徐某、徐某峰、徐某华、金某江作为某公司高级管理人员，在 2011 年 12 月与他人共同设立鸿某公司后，即将某公司的电工资产转移至鸿某公司名下。虽然该电工资产的剥离符合某公司董事会的经营策略，但在未与某公司办理资产转让手续并支付对价情况下即转移公司资产，徐某、徐某峰、徐某华、金某江的行为违反了《公司法》第一百四十七条关于"董事、监事、高级管理人员应当遵守法律、行政法规和公司章程，对公司负有忠实义务和勤勉义务"的规定，并且客观上已经造成某公司的财产损失。根据《公司法》第一百四十九条关于"董事、监事、高级管理人员执行公司职务时违反法律、行政法规或者公司章程的规定，给公司造成损失的，应当承担赔偿责任"的规定，徐某、徐某峰、徐某华、金某江应共同承担赔偿责任。

第三节　总　结

综上，我们发现，司法实践对高管损害公司利益的要件构成一般认定为：

（1）主观上，高管存在损害的故意；

（2）客观上，高管实行了利用职务便利损害公司的行为；

（3）造成了公司利益受损的事实；

（4）高管的侵害行为与公司利益受损具有直接因果联系。

从保护公司角度来看，归入权的行使需要公司证明高管不法收入的金额以明确要求返还的数额，这一途径大多通过司法会计鉴定，即所谓的"查账"来实现，这具有隐蔽性、不可控制、成本较高的缺点。因此，笔者建议，在《公司章程》中约定高管侵占的赔偿标准和数额，以防止后续出现因公司行使归入权难以确定损失金额的尴尬局面。

从保护公司高级管理人的角度来看，笔者建议：公司高管应当严格遵守勤勉尽职义务。在任职期间应避免设立与公司有同类业务关联的公司。同时，要求公司建立健全高管审批权限和制度，如出现需对外支付费用、报销款项、偿付债务等代表公司实行的义务负担行为，明确高管的权限及审批流程，以避免公司高管决策后背负道德风险或被公司追偿损失。笔者就曾代理过类似案件，高管根据权限审批了该投资项目，却最终因大小股东矛盾，被公司要求索赔项目损失。

公司业务金额越高，高管背负的责任风险也越大，如有情节严重的，高管还可能涉嫌职务侵占、挪用资金等刑事责任。这也是不少国家（包括中国）存在高管职业保险的原理所在。特别提醒，如果明知该高管存在侵占的故意却配合代开发票的第三方公司或个人，也将被判承担对公司赔偿的连带赔偿责任。

第九章
损害公司债权人利益责任纠纷

"公司股东滥用有限责任制度和法人独立地位，导致公司债权人利益受损的，债权人可'刺破公司面纱'，要求股东对公司债务承担责任。"

第一节　损害公司债权人利益
责任纠纷的请求权基础

一、理论基础

公司人格独立和股东有限责任是《公司法》的两大基本原则。如果公司股东滥用有限责任制度和股东法人独立地位，如公司账务与股东账务不分，司法实践中会否定公司人格独立，由滥用公司法人独立地位和股东有限责任的股东对公司债务承担赔偿责任。

此外，若出现公司抽逃出资、违法清算、公司与股东财产混同等行为，也将导致公司对外偿债能力下降，股东也应当对公司债权人承担责任。

二、法律规范梳理

1.《中华人民共和国公司法》(2018年)

第二十条　公司股东应当遵守法律、行政法规和公司章程，……不得滥用公司法人独立地位和股东有限责任损害公司债权人的利益。……公司股东滥用公司法人独立地位和股东有限责任，逃避债务，严重损害公司债权人利益的，应当对公司债务承担连带责任。

第九章 损害公司债权人利益责任纠纷

2.《最高人民法院关于适用〈中华人民共和国公司法〉若干问题的规定（二）》（2021.1）

第十一条　公司清算时，清算组应当按照公司法第一百八十五条的规定，将公司解散清算事宜书面通知全体已知债权人，并根据公司规模和营业地域范围在全国或者公司注册登记地省级有影响的报纸上进行公告。清算组未按照前款规定履行通知和公告义务，导致债权人未及时申报债权而未获清偿，债权人主张清算组成员对因此造成的损失承担赔偿责任的，人民法院应依法予以支持。

第十八条　有限责任公司的股东、股份有限公司的董事和控股股东未在法定期限内成立清算组开始清算，导致公司财产贬值、流失、毁损或者灭失，债权人主张其在造成损失范围内对公司债务承担赔偿责任的，人民法院应依法予以支持。

有限责任公司的股东、股份有限公司的董事和控股股东因怠于履行义务，导致公司主要财产、账册、重要文件等灭失，无法进行清算，债权人主张其对公司债务承担连带清偿责任的，人民法院应依法予以支持。

上述情形系实际控制人原因造成，债权人主张实际控制人对公司债务承担相应民事责任的，人民法院应依法予以支持。

第十九条　有限责任公司的股东、股份有限公司的董事和控股股东，以及公司的实际控制人在公司解散后，恶意处置公司财产给债权人造成损失，或者未经依法清算，以虚假的清算报告骗取公司登记机关办理法人注销登记，债权人主张其对公司债务承担相应赔偿责任的，人民法院应依法予以支持。

第二十条　公司解散应当在依法清算完毕后，申请办理注销登记。公司未经清算即办理注销登记，导致公司无法进行清算，债权人主张有限责任公司的股东、股份有限公司的董事和控股股东，以及公司的实际控制人对公司债务承担清偿责任的，人民法院应依法予以支持。

公司未经依法清算即办理注销登记，股东或者第三人在公司登记机关办理注销登记时承诺对公司债务承担责任，债权人主张其对公司债务承担相应民事责任的，人民法院应依法予以支持。

第二十二条　公司解散时，股东尚未缴纳的出资均应作为清算财产。股东尚未缴纳的出资，包括到期应缴未缴的出资，以及依照公司法第二十六条和第八十条的规定分期缴纳尚未届满缴纳期限的出资。

公司财产不足以清偿债务时，债权人主张未缴出资股东，以及公司设立时的其他股东或者发起人在未缴出资范围内对公司债务承担连带清偿责任的，人民法院应依法予以支持。

3.《中华人民共和国民法总则》(2017.10)

【营利法人出资人依法行使权利】第八十三条　营利法人的出资人不得滥用法人独立地位和出资人有限责任损害法人的债权人利益。滥用法人独立地位和出资人有限责任，逃避债务，严重损害法人的债权人利益的，应当对法人债务承担连带责任。

4.《全国法院民商事审判工作会议纪要》(2019.11)

【人格混同】认定公司人格混同与股东人格是否存在混同，最根本的判断标准是公司是否具有独立意思和独立财产，最主要的表现是公司的财产与股东的财产是否混同且无法区分。在认定是否构成人格混同时，应当综合考虑以下因素：

（1）股东无偿使用公司资金或者财产，不作财务记载的；

（2）股东用公司的资金偿还股东的债务，或者将公司的资金供关联公司无偿使用，不作财务记载的；

（3）公司账簿与股东账簿不分，致使公司财产与股东财产无法区分的；

（4）股东自身收益与公司盈利不加区分，致使双方利益不清的；

（5）公司的财产记载于股东名下，由股东占有、使用的；

（6）人格混同的其他情形。

在出现人格混同的情况下，往往同时出现以下混同：公司业务和股东业务混同；公司员工与股东员工混同，特别是财务人员混同；公司住所与股东住所混同。人民法院在审理案件时，关键要审查是否构成人格混同，而不要求同时具备其他方面的混同，其他方面的混同往往只是人格混同的补强。

【过度支配与控制】公司控制股东对公司过度支配与控制，操纵公司的决策过程，使公司完全丧失独立性，沦为控制股东的工具或躯壳，严重损害公司债权人利益，应当否认公司人格，由滥用控制权的股东对公司债务承担连带责任。实践中常见的情形包括：

（1）母子公司之间或者子公司之间进行利益输送的；

（2）母子公司或者子公司之间进行交易，收益归一方，损失却由另一方承担的；

（3）先从原公司抽走资金，然后再成立经营目的相同或者类似的公司，逃避原公司债务的；

（4）先解散公司，再以原公司场所、设备、人员及相同或者相似的经营目的另设公司，逃避原公司债务的；

（5）过度支配与控制的其他情形。

控制股东或实际控制人控制多个子公司或者关联公司，滥用控制权使多个子公司或者关联公司财产边界不清、财务混同，利益相互输送，丧失人格独立性，沦为控制股东逃避债务、非法经营，甚至违法犯罪工具的，可以综合案件事实，否认子公司或者关联公司法人人格，判令承担连带责任。

【资本显著不足】资本显著不足指的是，公司设立后在经营过程中，股东实际投入公司的资本数额与公司经营所隐含的风险相比明显不匹配。股东利用较少资本从事力所不及的经营，表明其没有从事公司经营的诚意，实质是恶意利用公司独立人格和股东有限责任把投资风险转嫁给债权人。由于资本显著不足的判断标准有很大的模糊性，特别是要与公司采取"以小博大"的正常经营方式相区分，因此在适用时要十分谨慎，应当与其他因素综合起来综合判断。

【诉讼地位】人民法院在审理公司人格否认纠纷案件时，应当根据不同情形确定当事人的诉讼地位：

（1）债权人对债务人公司享有的债权已经由生效裁判确认，其另行提起公司人格否认诉讼，请求股东对公司债务承担连带责任的，列股东为被告，公司为第三人；

（2）债权人对债务人公司享有的债权提起诉讼的同时，一并提起公司人格否认诉讼，请求股东对公司债务承担连带责任的，列公司和股东为共同被告；

（3）债权人对债务人公司享有的债权尚未经生效裁判确认，直接提起公司人格否认诉讼，请求公司股东对公司债务承担连带责任的，人民法院应当向债权人释明，告知其追加公司为共同被告。债权人拒绝追加的，人民法院应当裁定驳回起诉。

根据《九民纪要》中的观点，审判实践中，应准确把握公司人格否认制度，一是只有在股东实施了滥用公司法人独立地位及股东有限责任的行为，严重损害公司债权人利益的情况下，才能适用。损害债权人利益，主要指公司滥用权利使得公司财产不足以清偿公司债务。二是只有实施了滥用法人独立地位和股东有限责任的股东才对公司债务承担连带清偿责任，其他股东不应承担责任。三是公司人格否认不是全面、彻底、永久地否定公司的法人资格，而只是在具体案件中依据特定的法律事实、法律关系，突破股东对公司债务不承担责任的一般规定，例外地判令其承担连带责任。四是《公司法》第二十条第三款规定的滥用行为，实践中常见的情形有人格混同、过度支配与控制、资本显著不足等。

5.《中华人民共和国民法典》（2021.1.1）

第八十三条　营利法人的出资人不得滥用法人独立地位和出资人有限责任损害法人债权人的利益；滥用法人独立地位和出资人有限责任，逃避债务，严重损害法人债权人的利益的，应当对法人债务承担连带责任。

三、实务诉讼请求

损害债权人利益责任纠纷亦是近年来增长比较多的《公司法》案件类型之一，越来越多的案件暴露出公司债务因公司无财产可供执行，而衍生出债权人寻求其他途径追索债务实现途径。其中，因公司股东抽逃出资、违反出资义务、违反清算义务等导致债权人利益受损，债权人有权要求公司股东对该债务承担连带清偿责任或补充清偿责任。因此，笔者建议，该类诉讼的诉讼请求应当先确定股东损害公司利益的请求权基础，再确定要求被告在相关的损失金额范围内承担补充清偿责任，或连带清偿责任或其他诉求。

司法判例中，损害债权人利益之诉法院判决列举如下：

1. 因未及时清算导致股东对债务承担连带清偿责任

法院判决结果如下：被告周某某应于本判决生效之日起十日内对〔2000〕深中法经一终字第 305 号民事判决书确定的深圳市某某公司的债务人民币 408113.43 元及利息、迟延履行期间的债务利息、案件受理费人民币 37198 元承担连带清偿责任。

法院判决结果如下：被告王某某对杭州某某公司拖欠原告陈某某的劳动报酬 100051.11 元承担连带清偿责任，于本判决生效后十日内付清。

法院判决结果如下：被告黄某某应在本判决生效后十日内偿付原告某某公司款项 1065910.7 元。

2. 一人有限公司股东对公司债务承担连带清偿责任

法院判决结果如下：被告浙江某某公司支付原告货款 574396.08 元，并支付自 2015 年 10 月 1 日起至实际履行之日止以 574396.08 元为基数按中国人民银行同期同类贷款基准利率计算的逾期付款利息。

法院判决结果如下：被告周某于本判决发生法律效力之日起五日内就穗番劳人仲案字〔2014〕第 528 号仲裁裁决书确定的付款义务向何某承担连带清偿责任。

3. 滥用股东有限责任逃避债务承担连带清偿责任

法院判决结果如下：被告孙某应于本判决生效之日起十日内连带清偿某置业有限公司所负原告某公司某办事处债务人民币 1267.2 万元。

法院判决结果如下：一是被告周某某对〔2004〕佛中法民二初字第56号民事判决书确定的广东某某公司拖欠原告佛山市某某有限公司的债务在600万元的范围内承担连带清偿责任。二是驳回原告佛山市某某有限公司的其他诉讼请求。

4. 因违反出资、抽逃出资导致股东对债务承担补充清偿责任

法院判决结果如下：一是就〔2018〕粤0303民初11843号民事调解书确定的深圳市某某公司的债务中不能清偿的部分，被告曹某某应于本判决生效之日起十日内分别在未出资的250万元本息范围内对原告何某某承担补充清偿责任。二是驳回原告何某某的其他诉讼请求。

法院判决结果如下：一是被告江苏某某公司于本判决生效后十日内偿还原告丹阳市某某公司借款200万元，支付自2014年7月18日至2015年5月6日的利息36.5万元，并以200万元为本金按照合同约定的利率承担自2015年5月7日至实际给付之日的利息。二是被告丹阳市某某公司、谢某某对江苏某某公司的上述债务承担连带清偿责任。三是被告杨某某在抽逃出资1000万元的本息范围、被告王某某在抽逃出资1000万元的本息范围对被告某某公司的上述债务的未清偿部分共同承担补充赔偿责任。四是驳回原告的其他诉讼请求。

法院判决结果如下：被告潘某某在100万元范围内对第三人海宁某某公司对原告某某公司的债务12.9万元本金及逾期付款利息损失等（具体由〔2018〕浙0282民初14479号民事判决确定）承担补充赔偿责任。

第二节　损害公司债权人纠纷的主要问题及实务指南

一、违法清算损害公司债权人的问题

《公司法司法解释（二）》第十八条规定："有限责任公司的股东、股份有限公司的董事和控股股东未在法定期限内成立清算组开始清算，导致公司财产贬值、流失、毁损或者灭失，债权人主张其在造成损失范围内对公司债务承担赔偿责任的，人民法院应依法予以支持。

有限责任公司的股东、股份有限公司的董事和控股股东因怠于履行义务，导致公司主要财产、账册、重要文件等灭失，无法进行清算，债权人主张其对公司债务承担连带清偿责任的，人民法院应依法予以支持。上述情形系实际控制人原因造成，债权人主张实际控制人对公司债务承担相应民事责任的，人民法院应依法予以支持。"

《民法典》第七十条规定："法人解散的，除合并或者分立的情形外，清算义务人应当及时组成清算组进行清算。法人的董事、理事等执行机构或者决策机构的成员为清算义务人。法律、行政法规另有规定的，依照其规定。"

第七十一条规定："法人的清算程序和清算组职权，依照有关法律的规定；没有规定的，参照适用公司法律的有关规定。"

因此，违法清算导致股东被追究法律责任的四类情形，可归纳如下。

（1）根据《公司法司法解释（二）》第十一条，公司清算时，未履行通知义务的。

（2）根据《公司法司法解释（二）》第十八条，未在15日内成立清算组，或账册丢失的。

（3）根据《公司法司法解释（二）》第十九条，恶意处置财产或以虚假清算报告注销的。

（4）根据《公司法司法解释（二）》第二十条，在登记机关注销时承诺对公司债务承担责任的。

1. 公司因依法被吊销营业执照的，应当在15日内成立清算组进行清算，因怠于履行清算义务，公司股东判决对公司债务承担连带责任

上海市第一中级人民法院审理的赵某诉俞某股东损害公司债权人利益责任纠纷案【〔2018〕沪01民终6755号】认为：某某公司于2016年12月23日被行政部门吊销营业执照，该公司目前处于吊销未注销状态。根据《公司法》的相关规定，公司因依法被吊销营业执照而解散的，应当在解散之日起15日内成立清算组，开始清算。但从本案现已查明的事实来看，赵某作为清算义务人未组织某某公司进行清算，某某公司至今未进行清算。赵某作为某某公司股东在一审法院的要求下亦未能提供某某公司的财务账册等，应承担举证不能的法律后果。据此，赵某作为某某公司股东，其怠于履行义务，导致某某公司主要财产、账册、重要文件等灭失，无法进行清算，并无不当。

2. 未在法定时间内组织合法清算，股东应对公司债务承担连带清偿责任，股东主张已经与第三人签订《委托书》退出公司经营、工商登记股东签名并非自身所签为理由抗辩的，法院不予支持

北京市第一中级人民法院审理的刘某等与董某股东损害公司债权人利益责任纠纷案【〔2018〕京01民终8494号】认为：《委托书》系刘某与胡某江之间的约定，仅对该二人有约束力。世都百货公司的工商注册登记资料中"刘某"的签字是否是其本人所签，以及《委托书》是否实际履行等问题，对外均不得对抗世都百货公司的债权人。刘某是否参加了世都百货公司的经营，是否获得分红，不影响其按照《公司法司法解释（二）》第十八条的规定承担债务清偿责任。二审法院亦认为：（在）认定股东资格时，应按照内外有别的原则，在公司的股东、资本等信息以法定形式对外公开，相对人不应承担因公司外观特征不真实而产生的交易成本与风险。故，即便（工商登记中）上述签名并非刘某所签，其仍需对世都百货公司所负债务承担连带清偿责任。

3. 账册毁损无法清算的，股东应当就公司债务承担连带清偿责任，股东以正在服刑无法清算为理由拒绝的，法院不予支持

北京市第三中级人民法院审理的张某等与中某公司股东损害公司债权人利益责任纠纷案【〔2018〕京03民终10416号】认为：信某公司的登记股东为张某、赵某。信某公司于2004年9月2日被依法吊销营业执照，出现了解散事由，应依法进行清算，但张某、赵某作为股东，未在法定期间内成立清算组对信某公司进行清算。经询，张某称信某公司的账簿等资料均已被销毁，无法清算。在此情况下，中某公司要求信某公司的股东张某、赵某对生效判决认定的信某公司欠付中某公司的债务及利息承担清偿责任，具有事实和法律依据，本院予以确认。张某以其不知道相关情况、服刑期间未收到涉案款项等理由拒绝承担清偿责任，无事实及法律依据，本院不予支持。

4. 怠于履行清算义务的认定：包括未及时启动清算程序，也包括未妥善保管公司财产、账簿

上海市第二中级人民法院审理的王某国、王某华与常州中某硅材料有限公司、石某股东损害公司债权人利益责任纠纷案【〔2018〕沪02民终7978号】认为：王某国等人的行为是否构成"怠于履行义务"。根据法律规定，"有限责任公司的股东因怠于履行义务，导致公司主要财产、账册、重要文件等灭失，无法进行清算，债权人主张其对公司债务承担连带清偿责任的，人民法院应依法予以支持"。本院认为，上述法律规定中的股东"怠于履行义务"，不仅包括怠于履行依法及时启动清算程序进行清算的义务，也包括怠于履行妥善保管公司财产、账册、重要文件等义务。王某国等人非但未计划进行清算，反而将属于泰某公司的主要固定资产搬运至外地另起炉灶，该行为具有明显恶意，严重损害了泰某公司债权人的利益，此其一；其二，王某国等人明知当时泰某公司所在地已经在拆迁，无人看管，明知公司的财务资料极其重要，应妥善保管，却仍将上述资料随意置于车间，仅带走具有实际价值的机器设备，不仅怠于履行清算义务人的善良管理义务，亦有刻意遗弃财务资料之嫌；其三，泰某公司的财务资料是否全部遗失，仅有泰某公司的单方报案记录，并无公安部门的调查确认，即使确有其事，泰某公司后续也未再与公安部门联系，积极采取相应补救措施。综上，本院可认定，王某国、王某华、石某系怠于履行义务，并由此导致了泰某公司主要财产、账册、重要文件灭失。

二、因出资瑕疵而损害债权人利益的问题

因出资瑕疵而损害债权人利益的，债权人可以直接在债权人诉讼中追加瑕疵出资股东为被告，若债权诉讼本身已经结束的，可以在执行程序中予以追加。由于出资瑕疵的认定，与本书"股东出资纠纷"中内容基本一致，在此不予以赘述。

1. 股东存在抽逃出资情形的，应当在抽逃范围内对公司债务承担补充赔偿责任

南通市中级人民法院审理的谬某与杨某、王某股东损害公司债权人利益责任纠纷案【〔2018〕苏06民终4543号】认为："股东抽逃出资，公司债权人有权请求抽逃出资的股东在抽逃出资本息范围内对公司债务不能清偿的部分承担补充赔偿责任。"根据庭审查明的事实，本案引申出的争议焦点是以现金方式入账的243万元、55万元能否予以认定。该现金收据并无证据证明243万元现金实际用于公司经营或恢复公司资产，故仅凭财务账册不能认定已经实际返还给了久锦公司。综上，谬某、王某分别对其243万元、55万元出资存在抽逃行为，导致公司资产减少，损害了公司和债权人杨某的利益。

2. 当公司的财产已不足以清偿到期债务的情况下，其股东的出资义务应加速到期

深圳市中级人民法院审理的吴成某、田慧某股东损害公司债权人利益责任纠纷案【〔2019〕粤03民终14088号】认为：《公司法司法解释（三）》第十三条第二款规定："公司债权人请求未履行或者未全面履行出资义务的股东在未出资本息范围内对公司债务不能清偿的部分承担补充赔偿责任，人民法院应予支持；未履行或者未全面履行出资义务的股东已经承担上述责任，其他债权人提出相同请求的，人民法院不予支持。"鉴于公司的财产已不足以清偿生效法律文书确定的债务，如公司股东仍以出资期限未到为由拒不履行出资义务，将置公司于破产之境地，损害公司的法人地位。在某医学公司的财产已不足以清偿到期债务的情况下，其股东的出资义务应加速到期。

三、因减资程序不合法损害债权人利益的问题

自《公司法》将公司注册资本从实缴制转变为认缴制后，股东倾向于设定较高的注册资本，以方便在商业谈判中维持良好的"资本充足"形象。而随着公司股东出资缴纳期限的临近，如何少缴纳这部分注册资本？减资的操作变得越来越多。公司应当如何实施减资？不按照法定程序减资，后果又将如何？

我国《公司法》并未直接规定公司违法减资的后果，但在法理以及司法实践中，法院倾向认为违法减资将造成与抽逃出资类似的法律后果，侵害了公司债权人的利益，因此，参照抽逃出资的后果要求股东承担补充赔偿责任。

《公司法》第四十三条第二款规定："股东会会议作出修改公司章程、增加或者减少注册资本的决议，以及公司合并、分立、解散或者变更公司形式的决议，必须经代表三分之二以上表决权的股东通过。"

《公司法》第一百七十七条规定："公司需要减少注册资本时，必须编制资产负债表及财产清单。公司应当自作出减少注册资本决议之日起十日内通

知债权人，并于三十日内在报纸上公告。债权人自接到通知书之日起三十日内，未接到通知书的自公告之日起四十五日内，有权要求公司清偿债务或者提供相应的担保。"

《公司法司法解释（三）》第十四条规定："公司债权人请求抽逃出资的股东在抽逃出资本息范围内对公司债务不能清偿的部分承担补充赔偿责任、协助抽逃出资的其他股东、董事、高级管理人员或者实际控制人对此承担连带责任的，人民法院应予支持；抽逃出资的股东已经承担上述责任，其他债权人提出相同请求的，人民法院不予支持。"

公司减资的法定程序归纳如下：

（1）根据《公司法》规定的表决程序作出有效股东会决议。

（2）编制资产负债表及财产清单。

（3）作出决议之日起十日内书面通知债权人并于三十日内登报公告。

（4）提供公司债务清偿或者债务担保情况的说明。

（5）申请登记机关作出减资变更登记。

1. 公司退股非法减资，构成抽逃注册资本，股东应当就抽逃出资范围内的公司债务承担补充赔偿责任

上海市第二中级人民法院审理的上海某煤气设备工程有限公司、王某等与江苏某公司等股东损害公司债权人利益责任纠纷案【〔2019〕沪02民终6020号】认为：周某作为虹某公司登记股东，未经股东会决议及法定减资程序，未依法办理工商变更登记，即以退股为由从虹某公司资产中收回出资款100万元，其行为构成抽逃出资。王某作为虹某公司的股东及法定代表人，系虹某公司的实际控制人，其帮助周某收回出资的行为构成协助抽逃出资。杨某等4人以及许某虽然与虹某公司其他股东形成股东会决议，决定由虹某公司向该六人支付退股款，该决议在公司内部诉讼时亦被法院认定为有效，但该份决议系公司股东内部决议，其效力仅及于虹某公司各股东，对外部债权人而言，公司支付退股款还应办理法定减资手续或由其他受让人补足出资，否则即便该六股东基于股东会决议不再持有股份，但因其未经办理减资的法定程序即从虹某公司收回投资款，未依法办理工商变更登记，该六股东的行为仍属于抽逃出资。王某、某煤气公司及陈某参与签署股东会决议，帮助杨某等4人以及许某分别实际收回出资25万元、15万元、15万元、15万元、15万元和30万元，且未办理法定减资手续，构成协助抽逃出资。综上，某公司作为法院判决确认的虹某公司的合法债权人，因债权未得清偿，故其要求上述抽逃出资股东在各自抽逃出资本息范围内对虹某公司的未清偿债务，承担补充赔偿责任，符合法律规定。

2.减资行为不合法，债权人有权要求股东在减资范围内承担补充赔偿责任

上海市第一中级人民法院审理的北京某股权投资基金管理有限公司等与深圳市某公司股东损害公司债权人利益责任纠纷案【〔2019〕沪01民终6211号】认为：深圳某公司、A公司、上海某公司三者之间的债权债务虽发生在上海某公司增资行为之前，但时至上海某公司全体股东通过股东会决议进行增资，上述债务并未清偿。仝某等上海某公司股东在原增资协议确定的出资期限届至前又作出减资的决议，事实上导致了上海某公司责任财产的减少，对外清偿债务能力的下降，存在显著的主观恶意，亦使债权人的利益受损。故不考虑深圳某公司主张赔偿权的基础债权债务发生的时间，作为债务人的上海某公司在其全部债务清偿之前的减资行为均有损债权人利益。其减资程序中亦存在明显的瑕疵，故作出减资决议的股东应承担相应的补充赔偿责任。

四、法人人格否认：股东滥用股东有限责任制度损害公司债权人的问题

在法律上，我们将公司之间存在业务、财务、人员、场所等多方面混同情形，法人人格丧失独立性的现象，叫作公司"人格混同"。出现公司

"人格混同"情形时,混同的多家公司应当就同一法律义务承担连带赔偿责任。

通俗易懂地说,A卖东西给B签订合同,B无法支付A的货款,但是由于B和C存在"人格混同",那么A可以就该债务要求C承担连带责任。

《公司法》第二十条规定:"公司股东滥用公司法人独立地位和股东有限责任,逃避债务,严重损害公司债权人利益的,应当对公司债务承担连带责任。"

"人格混同"的认定标准:《上海市高级人民法院民事审判第二庭关于审理公司法人人格否认案件的若干意见》第八条:"下列情形持续、广泛存在的,可以综合认定股东与公司人格高度混同:

(一)(财产混同情形)存在股东与公司资金混同、财务管理不做清晰区分等财产混同情形的;

(二)(业务混同情形)存在股东与公司业务范围重合或大部分交叉等业务混同情形的;

(三)(人事混同情形)存在股东与公司法定代表人、董事、监事或其他高管人员相互兼任,员工大量重合等人事混同情形的;

(四)(场所混同情形)存在股东与公司使用同一营业场所等情形的。"

虽然法律上已经有比较明确的条款规定"人格混同",但实践中,对"人格混同"的具体表现形式的鉴定具有较大难度,上述标准中,"财产混同"是认定标准中的关键。

实践中,控股股东公司过度控制与支配子公司,子公司债权人可以要求母公司对子公司债务承担连带赔偿责任吗?

《全国法院民商事审判工作会议纪要》中提出:【过度支配与控制】公司控制股东对公司过度支配与控制,操纵公司的决策过程,使公司完全丧失独立性,沦为控制股东的工具或躯壳,严重损害公司债权人利益,应当否认公司人格,由滥用控制权的股东对公司债务承担连带责任。实践中常见的情形包括:

(1)母子公司之间或者子公司之间进行利益输送的;

（2）母子公司或者子公司之间进行交易，收益归一方，损失却由另一方承担的；

（3）先从原公司抽走资金，然后再成立经营目的相同或者类似的公司，逃避原公司债务的；

（4）先解散公司，再以原公司场所、设备、人员及相同或者相似的经营目的另设公司，逃避原公司债务的；

（5）过度支配与控制的其他情形。

控制股东或实际控制人控制多个子公司或者关联公司，滥用控制权使多个子公司或者关联公司财产边界不清、财务混同，利益相互输送，丧失人格独立性，沦为控制股东逃避债务、非法经营，甚至违法犯罪工具的，可以综合案件事实，否认子公司或者关联公司法人人格，判令承担连带责任。

【诉讼地位】人民法院在审理公司人格否认纠纷案件时，应当根据不同情形确定当事人的诉讼地位：

（1）债权人对债务人公司享有的债权已经由生效裁判确认，其另行提起公司人格否认诉讼，请求股东对公司债务承担连带责任的，列股东为被告，公司为第三人；

（2）债权人对债务人公司享有的债权提起诉讼的同时，一并提起公司人格否认诉讼，请求股东对公司债务承担连带责任的，列公司和股东为共同被告；

（3）债权人对债务人公司享有的债权尚未经生效裁判确认，直接提起公司人格否认诉讼，请求公司股东对公司债务承担连带责任的，人民法院应当向债权人释明，告知其追加公司为共同被告。债权人拒绝追加的，人民法院应当裁定驳回起诉。

根据《九民纪要》中的观点，审判实践中，应准确把握公司人格否认制度，"一是只有在股东实施了滥用公司法人独立地位及股东有限责任的行为，严重损害公司债权人利益的情况下，才能适用。损害债权人利益，主要指公司滥用权利使得公司财产不足以清偿公司债务。二是只有实施了滥用法人独立地位和股东有限责任的股东才对公司债务承担连带清偿责任，其他股东不应承担责任。三是公司人格否认不是全面、彻底、永久地否定公司的法人资格，而只是在具体案件中依据特定的法律事实、法律关系，突破股东对公司债务不承担责任的一般规定，例外地判令其承担连带责任。四是《公司法》第二十条第三款规定的滥用行为，实践中常见的情形有人格混同、过度支配与控制、资本显著不足等。"

1. 母公司对子公司过度控制和滥用法人独立地位，导致子公司无法偿还对外债权的，构成对子公司债权人的利益侵害，母公司应当对子公司债务承担连带赔偿责任

北京市第三中级人民法院审理的德州公司与斯某公司股东损害公司债权人利益责任纠纷案【〔2019〕京03民终2577号】认为：《公司法》第二十条规定，公司股东不得滥用公司法人独立地位和股东有限责任损害公司债权人利益，股东滥用公司法人独立地位和股东有限责任逃避债务，严重损害公司债权人利益的，应当对公司债务承担连带责任。这是我国以成文法形式引入公司法人格否认规则。公司法人格否认在适用标准上主要包括资本显著不足、人格混同、过度控制等。过度控制是指股东公司控制并实施了不正当的甚至非法的影响行为，造成了从属公司债权人的损害。具体而言，过度控制的构成要件包括：第一，股东对从属公司进行了支配性、绝对性控制；第二，这种控制行为不具有正当目的，比如违反法律规定或者属于滥用股东权利，又如仅有利于股东自身利益，而对从属公司不利；第三，股东控制行为与从属公司债权受损存在因果关系。

结合本案，德州公司系天津公司的一人法人股东。福田公司是天津公司的长期客户资源，在2014年1月双方刚签订采购合同后，德州公司在天津公司未进行股东书面决议的情况下，将天津公司的重要业务转移给其自身，该行为已经属于违背从属公司独立意思和独立利益的过度控制行为。德州公司及其关联公司的文件表明，天津公司的客户资源可以增进生产规模和利润。德州公司对天津公司实施不正当支配和控制的行为，难以认定具有正当目的，且使得天津公司利益受损，符合过度控制的构成要件。

综上，德州公司的行为降低了天津公司的偿债能力，使得天津公司债权人斯某公司经生效判决确认的债权至今未能清偿，严重损害了公司债权人的利益。法院判决德州公司对天津公司的债务承担连带清偿责任。

2. 股东利用法人人格形骸化，导致法人人格混同，股东应当就公司债务承担连带清偿责任

上海市第一中级人民法院审理的沈某诉金某股东损害公司债权人利益责任纠纷案【〔2018〕沪01民终12115号】认为：滥用公司法人独立地位和股东有限责任的情形主要包括两类：一是利用公司法人人格规避合同或法律义务的行为，二是公司法人人格形骸化的行为。勤某公司自2008年11月起至2014年8月间，向沈某、仲某个人账户汇款共计39066966元，从勤某公司的账户频繁向沈某、仲某的个人账户流入资金，资金数额巨大，导致公司财产与作为股东的沈某、仲某的夫妻共同财产无法区分，且存在使用公司资金为股东个人购房的情形，导致公司财产与作为股东的沈某、仲某的夫妻共同财产无法区分，一审法院据此认定沈某、仲某与勤某公司之间构成财产混同，本院予以认同。其次，从本案系争债务在〔2016〕沪0115民初54030号案的审理及执行情况来看，勤某公司目前已无财产可供执行，债权人利益受损的事实客观存在。债权人金某要求沈某对勤某公司所欠金某的债务2820.25万元中的2263万元承担连带清偿责任，于法有据，法院予以支持。

3. 明知公司财产处于法院被执行阶段，股东指示案外人将公司应收合同款支付至其他关联公司账户，属于过度控制和滥用股东有限责任的情形，股东应当对公司债务承担连带赔偿责任

佛山市禅城区人民法院审理的佛山市亨某公司与周某、黄某股东损害公司债权人利益责任纠纷案【〔2015〕佛城法民二初字第1267号】认为：根据星某公司与何某签订的《广东星某机电有限公司大雾岗厂区承包经营协议书》的约定，……在明知星某公司已经被法院列入被执行人、公司财产处于被法院执行阶段的情况下，各被告仍作出决定要求何某将600万元分别

汇入第三人鸿某公司以及被告周某、黄某的个人账户，造成星某公司的财产减损，各被告的行为属于滥用公司法人独立地位逃避债务的行为。第三人鸿某公司的股东与星某公司的股东完全相同，均为本案被告，且周某、黄某亦为星某公司的股东，即第三人、周某、黄某均与星某公司存在密切联系，各被告决定将上述600万元支付至第三人账户及周某、黄某的个人账户，存在过度控制公司和滥用股东有限责任的行为。根据《公司法》第二十条第三款"公司股东滥用公司法人独立地位和股东有限责任，逃避债务，严重损害公司债权人利益的，应当对公司债务承担连带责任"的规定，原告主张被告对星某公司的债务承担连带清偿责任，理据充足，本院予以支持。

第三节 总 结

根据《公司法》的规定，股东损害公司债权人利益的行为主要体现为以下情形：

（1）公司股东违法出资、不实出资、抽逃出资、瑕疵出资，导致的股东在未出资范围内对公司债务承担补充赔偿责任。

（2）公司违法减资、违法清算导致公司债权人无法就公司债务得到清偿，股东对公司债务承担赔偿责任。

（3）滥用法人独立地位或股东有限责任，股东对公司债务承担连带赔偿责任。

因此，股东在出资时应当采取合法方式，以力所能及的财务状况确定自身认缴注册资本，切勿虚高公司认缴注册资本，如出现减资、清算情形时，严格按照《公司法》规定的减资和清算程序进行。

此外，特别提醒公司规范财务制度，一人公司做好财务审计，有限公司的股东每年根据会计制度，规范公司资金使用、报销等制度，切勿出现以私人账户代收公司款、公司财产与股东财产互相混同、无理由占用公司款项等导致法人人格混同的情形。

第十章
公司解散纠纷

"人生在世,合则聚,不合则散。在成立公司的第一天,股东就应该考虑如果有一天合作不成,如何'好合好散'。"

第一节 公司解散纠纷的请求权基础

一、理论基础

公司在经营过程中,会遇到各类问题,如外部债权人的合同纠纷、内部股东之间利益纠纷、股东与管理层之间的纠纷等。当矛盾无法调和,或是股东矛盾激化,有股东希望退出时应该寻求何种救济手段?如果公司不能继续经营,谁有权解散公司?

公司解散之诉,即《公司法》赋予公司股东要求司法强制干预解散公司的手段。

《公司法》规定,"公司解散事项应当由代表三分之二以上表决权的股东通过"。

然而在实践中,工商行政管理机关往往需要所有股东签字同意的股东会决议,方可办理解散登记。这也是实践和理论之间的差异。

如果股东失联,股东不配合,股东矛盾或公司僵局,将导致公司的继续存续危害到其他股东的利益。

《公司法》规定的解散之诉制度,即通过司法强制干预手段,将符合法定解散公司之情形列举,以保护公司其他股东免受继续经营"危害",也方便节约社会资源,尽快处理"僵尸企业"和"僵尸账户",规范民事法律行为。

二、法律规范梳理

1.《中华人民共和国公司法》(2018年)

第三十七条　股东会行使下列职权：(九)对公司合并、分立、解散、清算或者变更公司形式作出决议。

第四十三条　股东会会议作出修改公司章程、增加或者减少注册资本的决议，以及公司合并、分立、解散或者变更公司形式的决议，必须经代表三分之二以上表决权的股东通过。

第一百八十条　公司因下列原因解散：

(一)公司章程规定的营业期限届满或者公司章程规定的其他解散事由出现；

(二)股东会或者股东大会决议解散；

(三)因公司合并或者分立需要解散；

(四)依法被吊销营业执照、责令关闭或者被撤销；

(五)人民法院依照本法第一百八十二条的规定予以解散。

第一百八十一条　公司有本法第一百八十条第(一)项情形的，可以通过修改公司章程而存续。依照前款规定修改公司章程，有限责任公司须经持有三分之二以上表决权的股东通过，股份有限公司须经出席股东大会会议的股东所持表决权的三分之二以上通过。

第一百八十二条　公司经营管理发生严重困难，继续存续会使股东利益受到重大损失，通过其他途径不能解决的，持有公司全部股东表决权百分之十以上的股东，可以请求人民法院解散公司。

第一百八十三条　公司因本法第一百八十条第(一)项、第(二)项、第(四)项、第(五)项规定而解散的，应当在解散事由出现之日起十五日内成立清算组，开始清算。有限责任公司的清算组由股东组成，股份有限公司的清算组由董事或者股东大会确定的人员组成。逾期不成立清算组进行清算的，债权人可以申请人民法院指定有关人员组成清算组进行清算。人民法院应当受理该申请，并及时组织清算组进行清算。

2.《最高人民法院关于适用〈中华人民共和国公司法〉若干问题的规定（二）》（2020年）

第一条 单独或者合计持有公司全部股东表决权百分之十以上的股东，以下列事由之一提起解散公司诉讼，并符合公司法第一百八十二条规定的，人民法院应予受理：

（一）公司持续两年以上无法召开股东会或者股东大会，公司经营管理发生严重困难的；

（二）股东表决时无法达到法定或者公司章程规定的比例，持续两年以上不能作出有效的股东会或者股东大会决议，公司经营管理发生严重困难的；

（三）公司董事长期冲突，且无法通过股东会或者股东大会解决，公司经营管理发生严重困难的；

（四）经营管理发生其他严重困难，公司继续存续会使股东利益受到重大损失的情形。

股东以知情权、利润分配请求权等权益受到损害，或者公司亏损、财产不足以偿还全部债务，以及公司被吊销企业法人营业执照未进行清算等为由，提起解散公司诉讼的，人民法院不予受理。

第四条 股东提起解散公司诉讼应当以公司为被告。

原告以其他股东为被告一并提起诉讼的，人民法院应当告知原告将其他股东变更为第三人；原告坚持不予变更的，人民法院应当驳回原告对其他股东的起诉。

原告提起解散公司诉讼应当告知其他股东，或者由人民法院通知其参加诉讼。其他股东或者有关利害关系人申请以共同原告或者第三人身份参加诉讼的，人民法院应予准许。

第五条 人民法院审理解散公司诉讼案件，应当注重调解。当事人协商同意由公司或者股东收购股份，或者以减资等方式使公司存续，且不违反法律、行政法规强制性规定的，人民法院应予支持。当事人不能协商一致使公司存续的，人民法院应当及时判决。

经人民法院调解公司收购原告股份的，公司应当自调解书生效之日起六个月内将股份转让或者注销。股份转让或者注销之前，原告不得以公司收购其股份为由对抗公司债权人。

3.《最高人民法院关于适用〈中华人民共和国公司法〉若干问题的规定（五）》（2020年）

第五条　人民法院审理涉及有限责任公司股东重大分歧案件时，应当注重调解。当事人协商一致以下列方式解决分歧，且不违反法律、行政法规的强制性规定的，人民法院应予支持：

（一）公司回购部分股东股份；

（二）其他股东受让部分股东股份；

（三）他人受让部分股东股份；

（四）公司减资；

（五）公司分立；

（六）其他能够解决分歧，恢复公司正常经营，避免公司解散的方式。

4.《中华人民共和国民法总则》（2017.10）

【法人解散情形】第六十九条　有下列情形之一的，法人解散：（一）法人章程规定的存续期间届满或者法人章程规定的其他解散事由出现；（二）法人的权力机构决议解散；（三）因法人合并或者分立需要解散；（四）法人依法被吊销营业执照、登记证书，被责令关闭或者被撤销；（五）法律规定的其他情形。

5.《中华人民共和国民法典》（2021.1.1）

第六十九条　有下列情形之一的，法人解散：

（一）法人章程规定的存续期间届满或者法人章程规定的其他解散事由出现；

（二）法人的权力机构决议解散；

（三）因法人合并或者分立需要解散；

（四）法人依法被吊销营业执照、登记证书，被责令关闭或者被撤销；

（五）法律规定的其他情形。

三、实务诉讼请求

公司解散纠纷一般是处理股东之间因公司僵局，无法做出有效决议的最后一道司法救济。股东在提起该诉讼前，一般已经和其他股东无法就公司经营达成一致意见，或公司存在符合解散的其他情形。因此，该案由的诉讼请求也非常简单，一般即请求法院判决某公司解散，其他诉讼请求则会被法院驳回。

司法判例中，公司解散之诉法院判决列举：

法院判决结果如下：准许解散被告上海某某公司。

法院判决结果如下：一是被告某某公司于本判决生效之日起解散；二是驳回原告毛某某的其他诉讼请求。

法院判决结果如下：被告某某公司于本判决生效之日即为解散。

法院判决结果如下：准予解散被告上海某某有限公司。案件受理费13800元，由被告上海某某有限公司负担。

第二节　公司解散纠纷的主要问题及实务指南

一、公司解散条件的认定标准

根据《公司法》，公司解散有两类情形，一种是依法解散或依约解散，即《公司法》第一百八十条的前四类情形；第二种是"强制解散"，即《公司法》第一百八十二条规定的符合特定条件下的强制解散："公司经营管理发生严重困难，继续存续会使股东利益受到重大损失，通过其他途径不能解决的，持有公司全部股东表决权百分之十以上的股东，可以请求人民法院解散公司。"

第一类　依法或依约解散

依法或依约解散，一般不需要司法诉讼确认即可进行解散，比如营业期满、公司章程约定的解散事由形成、股东会决议解散、因公司合并或分立进行解散、依法被吊销营业执照、责令关闭或者被撤销。对于此类解散情形，一般由公司决议进行解散即可，如果对公司解散的事由有争议，一般确认解散的股东会决议存在瑕疵即可。

公司股东之间约定投资公司系以拿地为主要目的，现未能实现合同目的，符合约定的公司解散的条件，股东可请求法院直接解散公司。

天津市第二中级人民法院审理的大洋公司、怡某公司公司解散纠纷案【〔2017〕津02民终5716号】认为：根据怡某公司成立前各股东签订的《框架协议》内容，可以清楚地表明怡某公司是为取得特定项目而成立的公司。但怡某公司于2011年成立后，并未能按照《框架协议》的约定取得"复兴门海河沿岸大洋地块"的开发权,各股东设立怡某公司的主要目的落空。之后各股东均未再依约进行第二期投资,自2013年后未再召开董事会与股东会,自2015年起申报纳税为零并列入经营异常名录,现各方当事人均无法说明公司的人员、财产、经营等具体情况。海某公司、华某公司虽不同意解散怡某公司,但对于怡某公司继续存续的价值及经营亦无明确规划。怡某公司经营管理上的困难无法通过其他途径解决。自大洋公司2013年起提出撤资至今,各方对如何解决该项申请并无可行方案。现三方股东虽对怡某公司是否继续存续意见不一,但海某公司、华某公司明确表示不同意收购大洋公司股份,同时亦不存在具有股份收购意愿的第三方。经一审法院与本院多次调解,各方不能形成可行的解决方案;解散怡某公司符合《框架协议》的约定。《框架协议》系大洋公司、海某公司、华某公司就三方合作开发事宜的总体约定,体现了三方的真实意思。《框架协议》清楚表明成立三方合资的怡某公司是进行项目合作的具体操作方式,同时也明确约定了怡某公司解散的条件。现怡某公司已无法取得《框架协议》中约定的"复兴门海河沿岸大洋地块"的开发权,该合同的主要目的已无法实现,约定的怡某公司解散条件成就,解散怡某公司符合三方《框架协议》的真实意愿及诚实信用原则。

第二类 强制解散

强制解散,公司经营管理发生严重困难,继续存续会使股东利益受到重大损失,通过其他途径不能解决的,可要求人民法院予以强制解散公司。为了在实践中进一步明确上述条件的适用范围,《最高人民法院关于适用〈中华人民共和国公司法〉若干问题的规定(二)》通过列举方式,符合下列情形之一的,即可认定符合强制解散条件:持续两年以上无法召开股东会议或形成有效股东决议的;董事长期冲突,无法通过股东会解决的;公司继续存续会导致股东利益受到严重侵害。因此,在判断是否符合解散条件的,应当满足:

（1）经营管理发生严重困难；

（2）股东利益受到重大损失；

（3）通过其他途径不能解决。

二、法院判决强制解散的条件

1. 长期无法召开股东会已形成"公司僵局"，导致人合性丧失，判决解散

《公司法》第一百八十二条规定："公司经营发生严重困难，继续存续会使股东利益受到重大损失，通过其他途径不能解决的，持有公司全部股东表决权百分之十以上的股东，可以申请人民法院解散公司。"由此可见，股东请求公司解散的实体条件有三：

第一，公司经营管理发生严重困难。"公司经营管理出现严重困难"的一个重要情形就是公司的股东会和董事会等公司机构的运行状态出现严重困难，无法有效召集或形成有效决议，必然导致公司的经营无法运行，这被称为"公司僵局"。第二，公司继续存续会使股东利益受到重大损失。一般指在公司经营管理已发生严重困难的状态下，公司资产不能得到有效维持并不断减损，股东直接面对投资失败的可能。第三，通过其他途径不能解决。其中可以替代公司解散的最有效的救济方式是要求公司或其他股东以公平合理的价格收购公司的股份，或者在某些情形下，要求公司其他股东向公司出售股份。

例如，济南市中级人民法院审理的绿某公司与天某公司解散纠纷案【〔2017〕鲁01民终8498号】认为：自2015年3月1日起至今，天某公司曾多次向绿某公司董事、董事会和监事提出书面申请召开股东会议，查阅公司的经营状况和账目信息，均遭到了绿某公司的拒绝。其间，2015年9月10日，绿某公司向天某公司发函召开股东会，但并未涉及开会的内容。2015年9月22日，天某公司向绿某公司发出函告，表示因程序违法拒绝参加股东会。根

据双方提交的证据以及当庭陈述，绿某公司无法正常召开股东会会议，无法作出有效的董事会、股东会决议，已经形成"公司僵局"，符合《公司法司法解释（二）》第一条第一款所规定的法定情形。

本案中，根据双方提交的自 2011 年至 2015 年绿某公司资产负债表、利润表以及借款名单显示，公司在经营管理过程中，不断耗损公司的原始资产，利润极低且在逐年减损，另外仍负外债 1226 万元，连续五年没有分红。绿某公司抗辩，虽未营利，但其自 2007 年至 2014 年的科学技术鉴定成果等资质证明公司运行良好，继续存续能够为股东带来利益。对此，一审法院认为，绿某公司提供的上述科研成果仅仅是资质上的证明，并不能构成经营管理上的成果，对该项抗辩本院不予采纳。依目前的状况，绿某公司的经营管理已陷入困境，继续存续必然会使股东特别是天某公司的利益受到重大损失。本案中，一审法院曾多次组织绿某公司各股东进行调解，各方无法提出解决救济途径的实质性意见，难以调和。综上，绿某公司股东之间矛盾深刻，公司的权力机构和管理机构不能正常运行，公司经营管理严重困难，且通过其他途径不能解决，天某公司请求解散公司符合《公司法》的有关规定，应予准许。

2. 公司主要经营资产已经处于拍卖状态，公司无法形成有效决议的，股东利益受到严重损害，法院认为可以要求进行强制解散

公司长期未正常召开股东会、董事会，势必造成公司无法正常经营运转，若股东公司在经营中出现了矛盾而报警、诉讼，更加能反映此点。在业务经营方面，如果公司设立后，公司资不抵债，甚至出现公司股权被提供抵押担保而被司法拍卖，导致设立公司的经营目的无法实现，这已足够证明公司处于无法正常开展的状态。

例如，上海市第二中级人民法院审理的裕某公司与某公司解散纠纷案【〔2018〕沪 02 民终 1259 号】认为：在业务经营方面，设立裕某公司的主营业务是经营动物竞技场，为此裕某以提供竞技场地的方式入股，但在裕某公司设立后，从未开展动物竞技场经营活动，故裕某公司的主要经营业务已经

处于无法正常开展的状态。……各方对股权转让价格、公司资产状况存在较大争议,缺乏以股权转让、减资解决的基础,故难以通过其他途径解决各方就公司解散发生的争议。基于上述分析,裕某公司已经符合法定解散条件。

3. 公司有利润却长期不向股东分红,无合理理由说明的,可认定为对股东权益造成重大损害,依法支持解散公司的诉求

若公司长期有利润却拒绝分红,该公司的继续存续已经构成对股东权益的重大损害,拒绝召开股东会这一行为符合强制解散公司的这一条件。

例如,最高人民法院审理的金某公司、建某公司解散纠纷案【〔2019〕最高法民终1504号】认为:关于金某公司继续存续是否会使股东利益受到重大损失的问题,对有限责任公司的股东而言,其投资公司的最终目的是获得收益,而股东获得收益的方式为参与公司的决策。兴华公司、侨康公司、欣意公司作为金某公司的股东,应当享有对金某公司进行经营管理、分配收益等股东权益。一方面,依照前述关于金某公司的权力机构运行机制失灵的认定,兴华公司、侨康公司、欣意公司参与金某公司管理的权利难以保障。另一方面,金某公司确认目前处于盈利状态,但就长期不向股东兴华公司、侨康公司等分配红利的行为没有作出合理解释。在此情况下,兴华公司、侨康公司、欣意公司关于因金某公司权力机构运行机制的失灵,其对金某公司在管理、收益等方面的股东权益难以保障,并将因金某公司继续存续遭受重大损失的主张,具有合理性。金某公司、建某公司主张股东利益不会因金某公司继续存续受到重大损失,理据不足,本院不予支持。

三、无法证明已经穷尽内部救济的,法院不支持公司解散

鉴于解散公司在结果上的终局性、不可逆转性及谦抑性适用司法解散的审理理念,强制解散公司是公司纠纷的司法救济最终途径,司法审判上一般采取审慎态度,法院倾向认为,能够通过其他诉讼解决的,不宜轻易启动解

散公司，以维护市场主体的稳定性。

因此，只有当公司经营管理发生严重困难，继续存续会使股东利益受到重大损失，通过其他途径不能解决，这三点同时满足时，解散公司之诉才有可能得到法院支持。

《公司法司法解释（二）》第一条规定："股东以知情权、利润分配请求权等权益受到损害，或者公司亏损、财产不足以偿还全部债务，以及公司被吊销企业法人营业执照未进行清算等为由，提起解散公司诉讼的，人民法院不予受理。"

此外，第五条规定："人民法院审理解散公司诉讼案件，应当注重调解。当事人协商同意由公司或者股东收购股份，或者以减资等方式使公司存续，且不违反法律、行政法规强制性规定的，人民法院应予支持。当事人不能协商一致使公司存续的，人民法院应当及时判决。"

因此，穷尽其他途径不能解决，是司法强制解散公司的一大前提，建议股东做好相关证据保存，如提议召开股东会遭到拒绝，要求股东知情权、参与管理或分配红利遭到拒绝，要求减资或退股等遭到拒绝等，以证明穷尽其他途径不能解决。

1. 审理公司解散纠纷应当严格把握解散纠纷的请求权基础，以公司法人财产混同、不分配利润等为理由要求解散公司，股东未穷尽救济措施的，不应当直接判决公司解散

广东省东莞市中级人民法院审理的朱某、科某公司公司解散纠纷案【〔2017〕粤19民终9311号】认为：科某公司于2016年8月8日就朱某将其注册资本20%的股份转让给案外人肖新平召开股东会、2017年1月10日依照朱某的申请就科某公司是否需要解散、2017年度科某公司的经营计划、朱某转让科某公司股份等事宜召开临时股东会，股东朱某、李某均有出席并在相应的会议决议上签名确认，可以认定科某公司在最近两年可以召开股东会，并能够作出有效的股东会决议，即科某公司的股东会等机构运行没有出现持续性的严重困难。其次，结合科某公司的缴税付款凭证及税收完税

证明，朱某提交的光盘、照片等证据尚不足以证实科某公司已停止经营，而朱某申请调取科某公司的员工社保缴纳情况，与本案处理结果不具有必然关联，对此本院不予准许。再次，朱某所主张的某个人财产与科某公司财产混同等情形，不属于公司解散的法定事由，若朱某认为其股东权益受损可另寻其他途径予以救济，但不能以此为由请求法院判决解散公司。朱某并未提供充分证据证明其已经穷尽救济手段，且科某公司经营管理发生严重困难，继续存续会损害股东利益，法院据此不支持朱某解散科某公司的诉请并无不当，本院予以维持。

2. 股东仅以公司亏损为由要求解散，法院判决不予支持

江苏省高院审理的许某与无锡明某公司公司解散纠纷案【〔2017〕苏民终2189号】认为：许某请求判决解散无锡明某公司的依据不足。第一，许某提交的证据不足以证明无锡明某公司存在公司僵局。在许某没有提交证据证明其曾提议召开董事会会议的情况下，不应认定无锡明某公司存在公司僵局。由于无锡明某公司的最高权力机构为董事会，并未设立股东会，即使许某与其他股东之间存在矛盾，亦不足以表明无锡明某公司存在无法解决的僵局。第二，许某没有提交证据证明无锡明某公司存续会造成股东重大损失。根据《公司法司法解释（二）》第一条第二款规定，股东以公司亏损为由，提起解散公司诉讼的，人民法院不予受理。因此，人民法院不能仅以公司存在亏损为由，判决解散公司。本案中，在双方当事人均认可无锡明某公司开发的房地产项目正在销售的情况下，不足以认定无锡明某公司继续存续会使股东利益受到重大损失。

3. 未曾书面提议召开股东会的，不得径直要求解散公司

浙江省高级人民法院审理的林某、温州某公司公司解散纠纷案【〔2018〕浙民终1202号】认为：林某作为某公司的董事长，在一、二审庭审中均陈述其既没有向某公司书面提出要求召开股东会，也没有向某公司其他股东徐某、同济公司提出要求召开股东会，因此某公司2012年以后未召开股东会

不属于"无法召开股东会"的情形。此外，解散公司之诉中"通过其他途径不能解决"实际上是诉前前置程序。《公司法司法解释（二）》第五条第一款列举了诸多替代性救济措施。现有证据不能反映林某曾通过其他途径解决某公司存在的问题。鉴于解散公司在结果上的终局性、不可逆转性及谦抑性适用司法解散的审理理念，强制解散公司是公司纠纷的司法救济最终途径，司法应采取审慎态度，能通过其他诉讼解决的，不宜轻易启动解散公司，以维护市场主体的稳定性，林某应当优先穷尽公司内部救济手段或通过提起股东知情权诉讼等方式主张权利。

第三节 总 结

《最高人民法院关于适用〈中华人民共和国公司法〉若干问题的规定（二）》规定："股东以知情权、利润分配请求权等权益受到损害，或者公司亏损、财产不足以偿还全部债务，以及公司被吊销企业法人营业执照未进行清算等为由，提起解散公司诉讼的，人民法院不予受理。"

因此，在公司解散纠纷案件中，申请公司解散的一方，应当着重证明强制解散的法定条件，而不能仅仅以公司长期不分配利润、股东无知情权等起诉。究其原因，司法审判介入公司解散之诉乃对公司法人人格的强制消灭，考虑到解散公司在结果上的终局性、不可逆转性及谦抑性适用司法解散的审理理念，在我国的司法审判实务中，一般法官会综合考虑以上三点才会主动判决公司解散。

反过来，反驳公司不具有解散之事实和法律根据时，从以上任何一点进行有效反驳，均能够得出公司不符合解散之诉的理由。如证明公司管理层能够形成股东会决议，或股东利益并未受到损失，公司尚在盈利，能够给予红利分配，或与公司股东协商股权转让或退出等其他有效途径。

第十一章
公司强制清算责任纠纷

"申请公司强制清算,不仅有利于保护债权人利益,更有利于保护股东利益,防止股东因怠于清算而'被迫'穿透承担公司债务。"

第一节　公司强制清算责任纠纷的请求权基础

一、理论基础

《公司法》第一百八十三条规定，在解散事由出现之日起十五日内，公司组织进行依法清算义务。逾期不成立清算组的，或者无法自行清算的，债权人或股东可申请法院对公司进行强制清算。《最高人民法院关于适用〈中华人民共和国公司法〉若干问题的规定（二）》第十八条规定，"董事和控股股东未在法定期限内成立清算组开始清算，导致公司财产贬值、流失、毁损或者灭失，债权人主张其在造成损失范围内对公司债务承担赔偿责任的，人民法院应依法予以支持"。

自行清算：根据《公司法》第一百八十三条规定，符合解散事由规定的，应当在解散事由规定之日起的十五日内成立清算组。

强制清算：逾期不成立清算组进行清算的，债权人可以申请人民法院指定有关人员组成清算组进行清算。人民法院应当受理该申请，并及时组织清算组进行清算。

然而，实践中，很多公司由于债务重重或本身进入停止经营的"僵尸企业"情形，"依法清算"很难实现。《公司法》设立清算责任纠纷这一案由的目的，既是为了公司债权人，督促公司依法进行清算，最大限度收回债权，同时又要考虑实践中，一些小股东无法履行清算义务，客观上的确不能对公司清算行使话语权。因此，在本案纠纷中，要着重处理"债权人利益"和"竭尽义务亦无法履行清算的小股东利益"之间的平衡。

二、法律规范梳理

1.《中华人民共和国公司法》(2018年)

第一百八十五条 清算组应当自成立之日起十日内通知债权人，并于六十日内在报纸上公告。债权人应当自接到通知书之日起三十日内，未接到通知书的自公告之日起四十五日内，向清算组申报其债权。

债权人申报债权，应当说明债权的有关事项，并提供证明材料。清算组应当对债权进行登记。

在申报债权期间，清算组不得对债权人进行清偿。

第一百八十六条 清算组在清理公司财产、编制资产负债表和财产清单后，应当制定清算方案，并报股东会、股东大会或者人民法院确认。

公司财产在分别支付清算费用、职工的工资、社会保险费用和法定补偿金，缴纳所欠税款，清偿公司债务后的剩余财产，有限责任公司按照股东的出资比例分配，股份有限公司按照股东持有的股份比例分配。

清算期间，公司存续，但不得开展与清算无关的经营活动。公司财产在未依照前款规定清偿前，不得分配给股东。

第一百八十七条 清算组在清理公司财产、编制资产负债表和财产清单后，发现公司财产不足清偿债务的，应当依法向人民法院申请宣告破产。

公司经人民法院裁定宣告破产后，清算组应当将清算事务移交给人民法院。

2.《最高人民法院关于适用〈中华人民共和国公司法〉若干问题的规定(二)》(2020年)

第二条 股东提起解散公司诉讼，同时又申请人民法院对公司进行清算的，人民法院对其提出的清算申请不予受理。人民法院可以告知原告，在人民法院判决解散公司后，依据民法典第七十条、公司法第一百八十三条和本规定第七条的规定，自行组织清算或者另行申请人民法院对公司进行清算。

第七条　公司应当依照民法典第七十条、公司法第一百八十三条的规定，在解散事由出现之日起十五日内成立清算组，开始自行清算。

有下列情形之一，债权人、公司股东、董事或其他利害关系人申请人民法院指定清算组进行清算的，人民法院应予受理：

（一）公司解散逾期不成立清算组进行清算的；

（二）虽然成立清算组但故意拖延清算的；

（三）违法清算可能严重损害债权人或者股东利益的。

第八条　人民法院受理公司清算案件，应当及时指定有关人员组成清算组。

清算组成员可以从下列人员或者机构中产生：

（一）公司股东、董事、监事、高级管理人员；

（二）依法设立的律师事务所、会计师事务所、破产清算事务所等社会中介机构；

（三）依法设立的律师事务所、会计师事务所、破产清算事务所等社会中介机构中具备相关专业知识并取得执业资格的人员。

第十五条　公司自行清算的，清算方案应当报股东会或者股东大会决议确认；人民法院组织清算的，清算方案应当报人民法院确认。未经确认的清算方案，清算组不得执行。

执行未经确认的清算方案给公司或者债权人造成损失，公司、股东、董事、公司其他利害关系人或者债权人主张清算组成员承担赔偿责任的，人民法院应依法予以支持。

第十六条　人民法院组织清算的，清算组应当自成立之日起六个月内清算完毕。

因特殊情况无法在六个月内完成清算的，清算组应当向人民法院申请延长。

第十八条　有限责任公司的股东、股份有限公司的董事和控股股东未在法定期限内成立清算组开始清算，导致公司财产贬值、流失、毁损或者灭失，债权人主张其在造成损失范围内对公司债务承担赔偿责任的，人民法院应依法予以支持。

有限责任公司的股东、股份有限公司的董事和控股股东因怠于履行义务，导致公司主要财产、账册、重要文件等灭失，无法进行清算，债权人主张其对公司债务承担连带清偿责任的，人民法院应依法予以支持。

上述情形系实际控制人原因造成，债权人主张实际控制人对公司债务承担相应民事责任的，人民法院应依法予以支持。

第十九条 有限责任公司的股东、股份有限公司的董事和控股股东，以及公司的实际控制人在公司解散后，恶意处置公司财产给债权人造成损失，或者未经依法清算，以虚假的清算报告骗取公司登记机关办理法人注销登记，债权人主张其对公司债务承担相应赔偿责任的，人民法院应依法予以支持。

第二十条 公司解散应当在依法清算完毕后，申请办理注销登记。公司未经清算即办理注销登记，导致公司无法进行清算，债权人主张有限责任公司的股东、股份有限公司的董事和控股股东，以及公司的实际控制人对公司债务承担清偿责任的，人民法院应依法予以支持。

公司未经依法清算即办理注销登记，股东或者第三人在公司登记机关办理注销登记时承诺对公司债务承担责任，债权人主张其对公司债务承担相应民事责任的，人民法院应依法予以支持。

第二十二条 公司解散时，股东尚未缴纳的出资均应作为清算财产。股东尚未缴纳的出资，包括到期应缴未缴的出资，以及依照公司法第二十六条和第八十条的规定分期缴纳尚未届满缴纳期限的出资。

公司财产不足以清偿债务时，债权人主张未缴出资股东，以及公司设立时的其他股东或者发起人在未缴出资范围内对公司债务承担连带清偿责任的，人民法院应依法予以支持。

3.《中华人民共和国民法总则》(2017.10)

【清算义务人与强制清算程序启动事由】第七十条 法人解散的，除合并或者分立的情形外，清算义务人应当及时组成清算组进行清算。

法人的董事、理事等执行机构或者决策机构的成员为清算义务人。法律、行政法规另有规定的，依照其规定。

清算义务人未及时履行清算义务，造成损害的，应当承担民事责任；主管机关或者利害关系人可以申请人民法院指定有关人员组成清算组进行清算。

【法人清算程序和清算组职权的法律适用】第七十一条　法人的清算程序和清算组职权，依照有关法律的规定；没有规定的，参照适用公司法的有关规定。

【清算中法人地位、清算后剩余财产处置及法人终止】第七十二条　清算期间法人存续，但是不得从事与清算无关的活动。

法人清算后的剩余财产，根据法人章程的规定或者法人权力机构的决议处理。法律另有规定的，依照其规定。

清算结束并完成法人注销登记时，法人终止；依法不需要办理法人登记的，清算结束时，法人终止。

4.《全国法院民商事审判工作会议纪要》（2019.11）

【怠于履行清算义务的认定】公司法司法解释（二）第18条第2款规定的"怠于履行义务"，是指有限责任公司的股东在法定清算事由出现后，在能够履行清算义务的情况下，故意拖延、拒绝履行清算义务，或者因过失导致无法进行清算的消极行为。股东举证证明其已经为履行清算义务采取了积极措施，或者小股东举证证明其既不是公司董事会或者监事会成员，也没有选派人员担任该机关成员，且从未参与公司经营管理，以不构成"怠于履行义务"为由，主张其不应当对公司债务承担连带清偿责任的，人民法院依法予以支持。

【诉讼时效期间】公司债权人请求股东对公司债务承担连带清偿责任，股东以公司债权人对公司的债权已经超过诉讼时效期间为由抗辩，经查证属实的，人民法院依法予以支持。

公司债权人以公司法司法解释（二）第18条第2款为依据，请求有限责任公司的股东对公司债务承担连带清偿责任的，诉讼时效期间自公司债权人知道或者应当知道公司无法清算之日起计算。

5.《中华人民共和国民法典》(2021.1.1)

第七十条　法人解散的，除合并或者分立的情形外，清算义务人应当及时组成清算组进行清算。法人的董事、理事等执行机构或者决策机构的成员为清算义务人。法律、行政法规另有规定的，依照其规定。

清算义务人未及时履行清算义务，造成损害的，应当承担民事责任；主管机关或者利害关系人可以申请人民法院指定有关人员组成清算组进行清算。

第七十一条　法人的清算程序和清算组职权，依照有关法律的规定；没有规定的，参照适用公司法律的有关规定。

第七十二条　清算期间法人存续，但是不得从事与清算无关的活动。法人清算后的剩余财产，按照法人章程的规定或者法人权力机构的决议处理。法律另有规定的，依照其规定。清算结束并完成法人注销登记时，法人终止；依法不需要办理法人登记的，清算结束时，法人终止。

三、实务诉讼请求

公司强制清算责任纠纷是指帮助公司债权人在发现公司清算义务人不依法履行清算义务而追究公司股东对相关债务承担民事责任的一类纠纷。因此，该案由的诉讼请求多为要求公司股东对公司债务承担赔偿责任或判决某某公司于多少日以内对公司进行清算。

司法判例中，公司解散之诉法院判决列举：

法院判决结果如下：被告施某于本判决生效之日起十日内赔偿原告中国农业银行股份有限公司某某支行142450.99元。

法院判决结果如下：被告付某某、朱某某于本判决生效之日起十日内对泰兴市某某公司应偿付原告的债务32516.9元承担连带清偿责任。

法院判决结果如下：被告华某某对杭州某某公司向浙江省文化艺术发展有限公司所负债务1122738.01元承担连带清偿责任，于本判决生效之日起十日内付清。

法院判决结果如下：一是杜某某对嵊州市某某公司应支付给绍兴市某某公司的人民币327093.55元承担连带清偿责任。款限于本判决生效之日起十日内付清。二是驳回绍兴市某某公司的其余诉讼请求。

法院判决结果如下：被告赵某某于本判决生效之日起十日内对江浦县某某仪器厂进行清算，并于六个月内清算完毕；案件受理费80元，公告费300元，合计380元，由被告赵某某负担。

第二节　公司强制清算责任纠纷的主要问题及实务指南

一、未经依法清算导致股东被追究法律责任的主要情形

《公司法》规定，公司解散后，应当在解散事由出现之日起十五日内成立清算组。然而在实践中，股东为了规避法律责任，违法清算，匆匆完成注销程序。

如果遇到欠款方恰好属于上述类型，如何维护债权人利益？

未依法清算导致股东被追究法律责任的主要情形如下：

（1）根据《公司法司法解释（二）》第十一条，公司清算时，未履行通知义务的。

（2）根据《公司法司法解释（二）》第十八条，未在十五日内成立清算组，或账册丢失的。

（3）根据《公司法司法解释（二）》第十九条，恶意处置财产或以虚假清算报告注销的。

（4）根据《公司法司法解释（二）》第二十条，在登记机关注销时承诺对公司债务承担责任的。

程序上分两步走：

第一类，尚未注销的"僵尸企业"。

（1）如果遇到企业已经被吊销营业执照或经营期满，符合清算条件而不清算时，债权人可直接向法院申请强制清算。

（2）强制清算过程中，发现股东无法联系，可依据《公司法司法解释

（二）》第十八条，要求有限责任公司的股东承担赔偿责任。

例如，上海市第一中级人民法院审理的王某等与阿博华公司清算责任纠纷案【〔2019〕沪01民终14587号】认为：根据有关司法解释，有限责任公司的股东因怠于履行义务，导致公司主要财产、账册、重要文件等灭失，无法进行清算，应对公司债务承担连带清偿责任。在法定清算程序中，股东提供账册应有时间限制，即在清算程序终结前及时提供，不能无限期拖延。本案中，某某公司于2018年7月被债权人申请破产清算，同年12月被宣告破产、终结破产程序，应认为破产程序中股东已有充分的时间寻找并提供账册，但某某公司的股东未能在破产程序中提供完整账册，导致管理人无法清算，应认定为前述规定中的怠于履行义务、导致账册灭失的情况，不能视为股东已为履行清算义务采取了积极措施。故某某公司股东应对公司债务承担连带清偿责任。对于黄某的责任，虽然黄某是小股东，但其一直担任公司监事，对公司经营负有法定的监督责任。且黄某与王某曾为夫妻，其称从未参与公司经营管理，本院难以采信。在清算过程中，黄某也未采取积极措施履行清算义务。一审判决黄某承担连带责任，并无不当。

第二类，已违法清算获得"注销"的企业。

第一，查询公司工商内档，看是否有股东对公司债务的承诺函。

第二，如出现未通知债务人、以虚假的清算报告清算等情形时，依据《公司法司法解释（二）》第十一、十八、十九、二十条追究承诺函中相关股东、负责人的赔偿责任。

1. 明知公司负有已生效债务，仅履行公告而不通知债权人，股东仍对公司债务承担赔偿责任

杭州市中级人民法院审理的张某、牟某与大鸿公司清算责任纠纷案【〔2018〕浙01民终6939号】认为：《最高人民法院关于适用〈中华人民共和国公司法〉若干问题的规定（二）》第十一条规定，"公司清算时，清算组应当按照公司法第一百八十五条的规定，将公司解散清算事宜书面通知全体已知债权人，并根据公司规模和营业地域范围在全国或者公司注册登记地省

级有影响的报纸上进行公告。清算组未按照前款规定履行通知和公告义务，导致债权人未及时申报债权而未获清偿，债权人主张清算组成员对因此造成的损失承担赔偿责任的，人民法院应依法予以支持。"广东省佛山市三水区人民法院于2014年3月5日作出了〔2014〕佛三法塘民初字第21号民事判决，大鸿公司对梵谷公司享有债权。而梵谷公司的股东会于2016年8月作出了清算决议，显然在梵谷公司进入清算时，大鸿公司系梵谷公司的已知债权人。梵谷公司的清算组未将解散清算事宜书面通知大鸿公司。而梵谷公司的清算报告系作为股东的张某、牟某自行作出，且里面载明总负债为1.04万元，显然不符合实际情况，系虚假的清算报告，不能证明清算注销时梵谷公司的剩余财产状况。张某、牟某作为清算组成员在工商登记的注销资料中亦承诺"清算报告如有虚假，全体股东愿承担一切法律责任"，违反了法律规定，一审法院据此判令清算组成员承担赔偿责任有事实和法律依据，本院予以支持。

2. 公司以虚假的清算报告办理法人注销登记，司法判决债权人主张股东对公司债务承担赔偿责任

例如，株洲市中级人民法院审理的刘润某、徐继某、张旭某与滨江公司清算责任纠纷案【〔2017〕湘02民终1233号】二审认为：三位上诉人作为清算组成员，没有按照《公司法司法解释（二）》第十一条的规定，将公司解散清算事宜书面通知全体已知债权人，并根据公司规模和营业地域范围在全国或者公司注册登记地省级有影响的报纸上进行公告。根据上述司法解释的规定，违反通知义务的清算组成员应该赔偿由此给债权人造成的损失。同时，该公司清算时，未将公司主要资产进行评估并纳入清算资产，而是在公司清算后由原公司股东和他人另行组成新的公司继续经营管理，属于恶意处置公司资产，晟东方公司的清算属于违法清算。根据《公司法司法解释（二）》第十九条的规定，有限责任公司的股东在公司解散后，恶意处置公司财产给债权人造成损失，或者未经依法清算，以虚假的清算报告骗取公司登记机关办理法人注销登记，债权人主张其对公司债务承担相应赔偿责任的，人民法院应予支持。三位上诉人作为晟东方公司的股东理应承担赔偿责任。

3. 违法清算的股东不仅承担金钱债务责任，还需承担非金钱债务责任，如违法清算导致公司资产损失的，法院可判决股东返还承租土地等实物资产

例如，池州市中级人民法院审理的天津某公司、池州某村民委员会清算责任纠纷案【〔2017〕皖17民终150号】二审认为：原池州某公司与某村委会签订的《土地出租协议》第五条约定，承租期满，池州某公司应及时交还土地并保证承租的土地符合出租时的土地数量、等级和质量。因池州某公司已被注销，某村委会与原池州某公司签订的《土地出租协议》终止，但不影响协议中该结算和清理条款的效力。池州某公司因被吊销营业执照而解散，根据《公司法》规定，应由股东组成清算组，制订清算方案，清偿公司债务，在依法清算完毕后，才可办理注销公司登记。《最高人民法院关于适用〈中华人民共和国公司法〉若干问题的规定（二）》第二十条第二款规定："公司未经依法清算即办理注销登记，股东或者第三人在公司登记机关办理注销登记时承诺对公司债务承担责任，债权人主张其对公司债务承担相应民事责任的，人民法院应依法予以支持。"原池州某公司未经依法清算、清偿债务即办理注销登记，且在清算报告中承诺在经营期间的债权、债务由股东负责，故某村委会要求某公司作为原池州某公司的股东承担交还土地的民事责任，符合法律规定。

二、股东怠于履行清算责任，与债权人要求赔偿的诉讼时效的关系

《九民纪要》提出："【诉讼时效期间】公司债权人请求股东对公司债务承担连带清偿责任，股东以公司债权人对公司的债权已经超过诉讼时效期间为由抗辩，经查证属实的，人民法院依法予以支持。"

公司债权人以《公司法司法解释（二）》第十八条第二款为依据，请求有限责任公司的股东对公司债务承担连带清偿责任的，诉讼时效期间自公司

债权人知道或者应当知道公司无法清算之日起计算。

1. 法院于 2010 年公司清算时已经告知债务人公司注销事项，原告于 2016 年才提起侵害之诉，已超过法定诉讼时效

无锡市中级人民法院审理的钱丹某与无锡市某某实验小学、周国某等清算责任纠纷案【〔2018〕苏 02 民终 1701 号】认为：关于争议焦点一，清算组成员是否存在怠于清算、虚假清算并造成债权人钱丹某损失的情形的问题，原审法院认为，联某厂确实未在法定期限内组成清算组进行清算，但钱丹某并无证据证明各被告因迟延履行清算义务已造成联某厂财产减少或已造成联某厂财产、账册、重要文件灭失并致无法进行清算。另，联某厂的清算报告载明联某厂经清算尚有 392681 元资产，且钱丹某明确不愿意接受以清理的资产抵偿债务并同意由清算组自行处理资产。据此，各被上诉人不存在恶意处置联某厂财产或者未经依法清算以虚假的清算报告骗取注销登记的情形。

关于争议焦点二，本案起诉是否超过诉讼时效期间的问题，原审法院认为，钱丹某在本案中主张联某厂清算组成员承担清算赔偿责任，适用两年诉讼时效期间。如钱丹某认为各清算组成员应当承担赔偿责任的，则联某厂于 2008 年 11 月 24 日核准注销时，钱丹某即应当知道其权利受到了侵害。即使钱丹某未知情联某厂的注销情况，根据原审法院 2010 年 6 月 12 日执行笔录，钱丹某至此应当明确知道联某厂已经核准注销，且根据钱丹某委托诉讼代理人的陈述，其明确知道要求清算组成员承担清算赔偿责任应另行提起诉讼。自该执行谈话发生之日即应开始计算诉讼时效期间，钱丹某并未提供证据证明本案中存在诉讼时效中止、中断的情形，故钱丹某于 2016 年 11 月 10 日提起本案之诉已超过两年的诉讼时效期间。

2. 债权人起诉股东承担违法清算的赔偿责任，应当自法院裁定终结清算之日起算，即债权人知道自身权利受到侵害之日

上海市第一中级人民法院审理的安徽天某公司诉上海医某公司股东损害

公司债权人利益责任纠纷案【〔2018〕沪 01 民终 9722 号】认为：在案证据显示，上海某某公司被吊销营业执照后未及时进行清算，上海医某公司在提起本案诉讼前向黄浦法院申请对上海某某公司进行强制清算，黄浦法院指定的清算组未联系到上海某某公司的主要负责人，亦未接收到上海某某公司的主要财产、账册、重要文件，因而无法对上海某某公司进行清算，法院裁定终结上海某某公司的强制清算程序。东源公司、天某公司、国富公司、深圳财富公司作为上海某某公司的股东，有义务在上海某某公司被吊销营业执照后及时组成清算组进行清算，东源公司、天某公司、国富公司、深圳财富公司未依法成立清算组履行清算义务，且未能向人民法院指定的清算组提交账册、重要文件等资料，应当依照法律规定对上海某某公司债务承担连带清偿责任。

关于诉讼时效，依照法律规定，"诉讼时效期间应自权利人知道或者应当知道权利受到损害以及义务人之日起计算"。上海医某公司所主张的清算责任的诉讼时效期间，应以上海医某公司知道或者应当知道股东怠于履行清算义务，导致上海某某公司无法清算的时间为起算点。因此，本案诉讼时效期间应当从黄浦法院裁定终结上海某某公司强制清算程序之日即 2017 年 7 月 17 日起计算，上海医某公司的本次诉讼未超过诉讼时效。

3. 债权人基于清算组未按规定履行通知和公告义务，若该债权已经法院判决超过诉讼时效而失去胜诉权，则不得再以此要求清算组予以赔偿

南京市中级人民法院审理的西迩德公司与国某、吴某等清算责任纠纷案【〔2018〕苏 01 民终 433 号】认为：西迩德公司主张的基础债权为西迩德公司与扬子模具公司于 2010 年 8 月 3 日签订的产品订购合同项下的货款，而该债权已经滁州中院〔2016〕皖 11 民终 844 号生效民事判决以"已超过两年的诉讼时效"为由予以否定。西迩德公司主张清算责任的基础债权不存在，其关于扬子模具公司清算组成员宗某、庞某、国某、夏某、吴某共同赔偿货款、利息及其他损失的上诉请求，缺乏事实和法律依据，本院不予支持。

三、公司股东避免承担清算责任的两大情形

《九民纪要》颁布之前，因强制清算责任导致的股东承担公司债务的举证责任倒置，即股东必须证明自身并未怠于履行清算责任（实践中极难举证），而《民法典》针对清算责任纠纷提出新规定，为小股东利益保护提供了救济途径，即能够证明小股东并未"怠于履行"清算责任的，则不需要对公司债务承担责任。

从上述转变可以看出，有限公司的清算义务人从举证责任倒置的公司的各股东，转化为对公司负有清算义务的董事或执行机构、决策机构人员，这一转变符合权责相一致的观点，避免了本身没有过多话语权的小股东被迫承担过重的清算责任，因此，如果小股东被诉承担清算责任，就可以考虑从以下角度抗辩。

1. 并未怠于履行清算义务

依照《九民纪要》第14条规定："'怠于履行清算义务'是指有限责任公司的股东在法定清算事由出现后，在能够履行清算义务的情况下，故意拖延、拒绝履行清算义务，或者因过失导致无法进行清算的消极行为。股东举证证明其已经为履行清算义务采取了积极措施，或者小股东举证证明其既不是公司董事会或者监事会成员，也没有选派人员担任该机关成员，且从未参与公司经营管理，以不构成'怠于履行义务'为由，主张其不应当对公司债务承担连带清偿责任的，人民法院依法予以支持。"

例如，名义股东能够证明自己并非公司实际控制人，无法履行清算义务，实际控制人另为他人的，法院判决名义股东无须对公司承担清算责任。南京市中级人民法院审理的李某与被上诉人宏某公司清算责任纠纷案【〔2019〕苏01民终9833号】认为：《民法总则》第七十条第一款规定，"法人解散的，除合并或者分立的情形外，清算义务人应当及时组成清算组进行清算"。第二款规定："法人的董事、理事等执行机构或者决策机构的成员为清算义务人。法律、行政法规另有规定的，依照其规定。"根据上述法律规

定，董事、股东或实际控制人应为公司清算义务人。本案中，工商登记虽显示宏某公司持有百某公司54.7%的股权，但宏某公司与百某公司股东、执行董事、法定代表人某杰之间签有《委托持股协议》，李某对该协议的真实性不持异议。宏某公司名下的百某公司54.7%的股权，依据《委托持股协议》系为某杰代持，即该股权实际权利人为某杰。另查明：2012年11月，法定代表人某杰已经携公章下落不明。2012年12月，公安机关对某杰、余其云立案调查，但某杰、余其云目前仍下落不明。宏某公司仅为百某公司的名义股东，其亦不实际控制百某公司，故宏某公司不是百某公司的清算义务人。一审法院认定宏某公司为百某公司的清算义务人不当，本院予以纠正。

2. 不存在因果关系

要防止股东被判承担清算不能的连带清偿责任，股东须证明其怠于履行清算义务与"公司主要财产、账册、重要文件灭失"不存在因果联系，如公司曾遭受盗窃、实际控制人携带账册下落不明、公司不存在可清算资产等。

例如，南京市中级人民法院审理的某国际物流股份有限公司南京分公司与刘某、彭某股东损害公司债权人利益责任纠纷案【〔2018〕苏01民终10179号】认为：《公司法司法解释（二）》第十八条第二款规定，"有限责任公司的股东、股份有限公司的董事和控股股东因怠于履行义务，导致公司主要财产、账册、重要文件等灭失，无法进行清算，债权人主张其对公司债务承担连带清偿责任的，人民法院应依法予以支持"。清算义务人怠于履行清算义务的行为性质上可归属于侵权行为，应当对由此造成的损失承担损害赔偿责任，在责任构成上具备以下要件：清算义务人存在违反法律规定，怠于履行清算义务的行为；清算义务人的行为造成了公司无法清算及债权人利益的直接损失；清算义务人怠于履行清算义务的行为与公司无法清算及债权人利益的损失之间具有法律上的因果关系。本案中，某南京公司依据前述规定向刘某、彭某主张清算赔偿责任，对此，本院认为，刘某、彭某在恒某公司2016年5月30日经营期限届满之日起15日内未成立公司清算组，对该公司进行清算，存在怠于清算的行为。在南京市六合区人民法院受理了某南京公司对恒某公司强制清算申请后，刘某、彭某虽未能提供恒某公司全部财务资料，导致清算组无法对恒某公司全面清算，但二人未能提供全部财务资料的原因系恒某公司的财务资料于 2010 年 4 月 9 日曾被盗，刘某对此已提供了相关证据予以证明。某南京公司现无证据证明刘某、彭某等人故意制造被盗事故，刘某、彭某对财务账册被盗不具有可归责性，故不能全面清算的原因并非因刘某、彭某怠于清算义务的行为所导致，某南京公司对恒某公司的债权不能实现与刘某、彭某怠于清算义务之间不具有法律上的因果关系。

第三节 总 结

《公司法》与《公司法司法解释（二）》基本采取清算责任的举证责任倒置，即债权人对公司提起强制清算纠纷，只要法院裁定无法清算或账册下落不明时，即推定公司股东"怠于履行清算义务"，应当对公司债务承担补充赔偿责任。

随着《九民纪要》《民法典》的出台，有限公司的清算义务人细化为董事等决策机构或执行机构，即只要能证明该股东并非"清算义务人"、并未"怠于履行清算义务"、并不参与实际经营，与公司"账册下落不明"或"无法清算"并没有因果联系，即可排除该股东的清算责任。

建议：

公司实际控制人、大股东、清算义务人应当保管好公司账册，如遇到公司符合清算的情形，应当及时、依法要求股东会、董事会对公司进行清算，并保留积极主张"清算"的相关书面材料，以证明今后公司"无法清算"与自身无关。

附 录

中华人民共和国公司法（2018年）

【目录】

第一章　总则

第二章　有限责任公司的设立和组织机构

　　第一节　设立

　　第二节　组织机构

　　第三节　一人有限责任公司的特别规定

　　第四节　国有独资公司的特别规定

第三章　有限责任公司的股权转让

第四章　股份有限公司的设立和组织机构

　　第一节　设立

　　第二节　股东大会

　　第三节　董事会、经理

　　第四节　监事会

　　第五节　上市公司组织机构的特别规定

第五章　股份有限公司的股份发行和转让

　　第一节　股份发行

　　第二节　股份转让

第六章　公司董事、监事、高级管理人员的资格和义务

第七章　公司债券

第八章　公司财务、会计

第九章　公司合并、分立、增资、减资

第十章　公司解散和清算

第十一章　外国公司的分支机构

第十二章　法律责任

第十三章　附则

【正文】

第一章　总则

第一条

为了规范公司的组织和行为，保护公司、股东和债权人的合法权益，维护社会经济秩序，促进社会主义市场经济的发展，制定本法。

第二条

本法所称公司是指依照本法在中国境内设立的有限责任公司和股份有限公司。

第三条

公司是企业法人，有独立的法人财产，享有法人财产权。公司以其全部财产对公司的债务承担责任。

有限责任公司的股东以其认缴的出资额为限对公司承担责任；股份有限公司的股东以其认购的股份为限对公司承担责任。

第四条

公司股东依法享有资产收益、参与重大决策和选择管理者等权利。

第五条

公司从事经营活动，必须遵守法律、行政法规，遵守社会公德、商业道德，诚实守信，接受政府和社会公众的监督，承担社会责任。

公司的合法权益受法律保护，不受侵犯。

第六条

设立公司，应当依法向公司登记机关申请设立登记。符合本法规定的设立条件的，由公司登记机关分别登记为有限责任公司或者股份有限公司；不符合本法规定的设立条件的，不得登记为有限责任公司或者股份有限公司。

法律、行政法规规定设立公司必须报经批准的，应当在公司登记前依法办理批准手续。

公众可以向公司登记机关申请查询公司登记事项，公司登记机关应当提供查询服务。

第七条

依法设立的公司，由公司登记机关发给公司营业执照。公司营业执照签发日期为公司成立日期。

公司营业执照应当载明公司的名称、住所、注册资本、经营范围、法定代表人姓名等事项。

公司营业执照记载的事项发生变更的，公司应当依法办理变更登记，由公司登记机关换发营业执照。

第八条

依照本法设立的有限责任公司，必须在公司名称中标明有限责任公司或者有限公司字样。

依照本法设立的股份有限公司，必须在公司名称中标明股份有限公司或者股份公司字样。

第九条

有限责任公司变更为股份有限公司，应当符合本法规定的股份有限公司的条件。股份有限公司变更为有限责任公司，应当符合本法规定的有限责任公司的条件。

有限责任公司变更为股份有限公司的，或者股份有限公司变更为有限责任公司的，公司变更前的债权、债务由变更后的公司承继。

第十条

公司以其主要办事机构所在地为住所。

第十一条

设立公司必须依法制定公司章程。公司章程对公司、股东、董事、监事、高级管理人员具有约束力。

第十二条

公司的经营范围由公司章程规定,并依法登记。公司可以修改公司章程,改变经营范围,但是应当办理变更登记。

公司的经营范围中属于法律、行政法规规定须经批准的项目,应当依法经过批准。

第十三条

公司法定代表人依照公司章程的规定,由董事长、执行董事或者经理担任,并依法登记。公司法定代表人变更,应当办理变更登记。

第十四条

公司可以设立分公司。设立分公司,应当向公司登记机关申请登记,领取营业执照。分公司不具有法人资格,其民事责任由公司承担。

公司可以设立子公司,子公司具有法人资格,依法独立承担民事责任。

第十五条

公司可以向其他企业投资;但是,除法律另有规定外,不得成为对所投资企业的债务承担连带责任的出资人。

第十六条

公司向其他企业投资或者为他人提供担保,依照公司章程的规定,由董事会或者股东会、股东大会决议;公司章程对投资或者担保的总额及单项投资或者担保的数额有限额规定的,不得超过规定的限额。

公司为公司股东或者实际控制人提供担保的,必须经股东会或者股东大会决议。

前款规定的股东或者受前款规定的实际控制人支配的股东,不得参加前款规定事项的表决。该项表决由出席会议的其他股东所持表决权的过半数通过。

第十七条

公司必须保护职工的合法权益，依法与职工签订劳动合同，参加社会保险，加强劳动保护，实现安全生产。

公司应当采用多种形式，加强公司职工的职业教育和岗位培训，提高职工素质。

第十八条

公司职工依照《中华人民共和国工会法》组织工会，开展工会活动，维护职工合法权益。公司应当为本公司工会提供必要的活动条件。公司工会代表职工就职工的劳动报酬、工作时间、福利、保险和劳动安全卫生等事项依法与公司签订集体合同。

公司依照宪法和有关法律的规定，通过职工代表大会或者其他形式，实行民主管理。

公司研究决定改制以及经营方面的重大问题、制定重要的规章制度时，应当听取公司工会的意见，并通过职工代表大会或者其他形式听取职工的意见和建议。

第十九条

在公司中，根据中国共产党章程的规定，设立中国共产党的组织，开展党的活动。公司应当为党组织的活动提供必要条件。

第二十条

公司股东应当遵守法律、行政法规和公司章程，依法行使股东权利，不得滥用股东权利损害公司或者其他股东的利益；不得滥用公司法人独立地位和股东有限责任损害公司债权人的利益。

公司股东滥用股东权利给公司或者其他股东造成损失的，应当依法承担赔偿责任。

公司股东滥用公司法人独立地位和股东有限责任，逃避债务，严重损害公司债权人利益的，应当对公司债务承担连带责任。

第二十一条

公司的控股股东、实际控制人、董事、监事、高级管理人员不得利用其关联关系损害公司利益。

违反前款规定，给公司造成损失的，应当承担赔偿责任。

第二十二条

公司股东会或者股东大会、董事会的决议内容违反法律、行政法规的无效。

股东会或者股东大会、董事会的会议召集程序、表决方式违反法律、行政法规或者公司章程，或者决议内容违反公司章程的，股东可以自决议作出之日起六十日内，请求人民法院撤销。

股东依照前款规定提起诉讼的，人民法院可以应公司的请求，要求股东提供相应担保。

公司根据股东会或者股东大会、董事会决议已办理变更登记的，人民法院宣告该决议无效或者撤销该决议后，公司应当向公司登记机关申请撤销变更登记。

第二章 有限责任公司的设立和组织机构

第一节 设 立

第二十三条

设立有限责任公司，应当具备下列条件：

（一）股东符合法定人数；

（二）有符合公司章程规定的全体股东认缴的出资额；

（三）股东共同制定公司章程；

（四）有公司名称，建立符合有限责任公司要求的组织机构；

（五）有公司住所。

第二十四条

有限责任公司由五十个以下股东出资设立。

第二十五条

有限责任公司章程应当载明下列事项：

（一）公司名称和住所；

（二）公司经营范围；

（三）公司注册资本；

（四）股东的姓名或者名称；

（五）股东的出资方式、出资额和出资时间；

（六）公司的机构及其产生办法、职权、议事规则；

（七）公司法定代表人；

（八）股东会会议认为需要规定的其他事项。

股东应当在公司章程上签名、盖章。

第二十六条

有限责任公司的注册资本为在公司登记机关登记的全体股东认缴的出资额。

法律、行政法规以及国务院决定对有限责任公司注册资本实缴、注册资本最低限额另有规定的，从其规定。

第二十七条

股东可以用货币出资，也可以用实物、知识产权、土地使用权等可以用货币估价并可以依法转让的非货币财产作价出资；但是，法律、行政法规规定不得作为出资的财产除外。

对作为出资的非货币财产应当评估作价，核实财产，不得高估或者低估作价。法律、行政法规对评估作价有规定的，从其规定。

第二十八条

股东应当按期足额缴纳公司章程中规定的各自所认缴的出资额。股东以货币出资的，应当将货币出资足额存入有限责任公司在银行开设的账户；以非货币财产出资的，应当依法办理其财产权的转移手续。

股东不按照前款规定缴纳出资的，除应当向公司足额缴纳外，还应当向已按期足额缴纳出资的股东承担违约责任。

第二十九条

股东认足公司章程规定的出资后，由全体股东指定的代表或者共同委托的代理人向公司登记机关报送公司登记申请书、公司章程等文件，申请设立登记。

第三十条

有限责任公司成立后，发现作为设立公司出资的非货币财产的实际价额显著低于公司章程所定价额的，应当由交付该出资的股东补足其差额；公司设立时的其他股东承担连带责任。

第三十一条

有限责任公司成立后，应当向股东签发出资证明书。

出资证明书应当载明下列事项：

（一）公司名称；

（二）公司成立日期；

（三）公司注册资本；

（四）股东的姓名或者名称、缴纳的出资额和出资日期；

（五）出资证明书的编号和核发日期。

出资证明书由公司盖章。

第三十二条

有限责任公司应当置备股东名册，记载下列事项：

（一）股东的姓名或者名称及住所；

（二）股东的出资额；

（三）出资证明书编号。

记载于股东名册的股东，可以依股东名册主张行使股东权利。

公司应当将股东的姓名或者名称向公司登记机关登记；登记事项发生变更的，应当办理变更登记。未经登记或者变更登记的，不得对抗第三人。

第三十三条

股东有权查阅、复制公司章程、股东会会议记录、董事会会议决议、监事会会议决议和财务会计报告。

股东可以要求查阅公司会计账簿。股东要求查阅公司会计账簿的，应当向公司提出书面请求，说明目的。公司有合理根据认为股东查阅会计账簿有不正当目的，可能损害公司合法利益的，可以拒绝提供查阅，并应当自股东提出书面请求之日起十五日内书面答复股东并说明理由。公司拒绝提供查阅的，股东可以请求人民法院要求公司提供查阅。

第三十四条

股东按照实缴的出资比例分取红利；公司新增资本时，股东有权优先按照实缴的出资比例认缴出资。但是，全体股东约定不按照出资比例分取红利或者不按照出资比例优先认缴出资的除外。

第三十五条

公司成立后，股东不得抽逃出资。

第二节 组织机构

第三十六条

有限责任公司股东会由全体股东组成。股东会是公司的权力机构，依照本法行使职权。

第三十七条

股东会行使下列职权：

（一）决定公司的经营方针和投资计划；

（二）选举和更换非由职工代表担任的董事、监事，决定有关董事、监事的报酬事项；

（三）审议批准董事会的报告；

（四）审议批准监事会或者监事的报告；

（五）审议批准公司的年度财务预算方案、决算方案；

（六）审议批准公司的利润分配方案和弥补亏损方案；

（七）对公司增加或者减少注册资本作出决议；

（八）对发行公司债券作出决议；

（九）对公司合并、分立、解散、清算或者变更公司形式作出决议；

（十）修改公司章程；

（十一）公司章程规定的其他职权。

对前款所列事项股东以书面形式一致表示同意的，可以不召开股东会会议，直接作出决定，并由全体股东在决定文件上签名、盖章。

第三十八条

首次股东会会议由出资最多的股东召集和主持，依照本法规定行使职权。

第三十九条

股东会会议分为定期会议和临时会议。

定期会议应当依照公司章程的规定按时召开。代表十分之一以上表决权的股东，三分之一以上的董事，监事会或者不设监事会的公司的监事提议召开临时会议的，应当召开临时会议。

第四十条

有限责任公司设立董事会的，股东会会议由董事会召集，董事长主持；董事长不能履行职务或者不履行职务的，由副董事长主持；副董事长不能履行职务或者不履行职务的，由半数以上董事共同推举一名董事主持。

有限责任公司不设董事会的，股东会会议由执行董事召集和主持。

董事会或者执行董事不能履行或者不履行召集股东会会议职责的，由监事会或者不设监事会的公司的监事召集和主持；监事会或者监事不召集和主持的，代表十分之一以上表决权的股东可以自行召集和主持。

第四十一条

召开股东会会议，应当于会议召开十五日前通知全体股东；但是，公司章程另有规定或者全体股东另有约定的除外。

股东会应当对所议事项的决定作成会议记录，出席会议的股东应当在会议记录上签名。

第四十二条

股东会会议由股东按照出资比例行使表决权；但是，公司章程另有规定的除外。

第四十三条

股东会的议事方式和表决程序，除本法有规定的外，由公司章程规定。

股东会会议作出修改公司章程、增加或者减少注册资本的决议，以及公司合并、分立、解散或者变更公司形式的决议，必须经代表三分之二以上表决权的股东通过。

第四十四条

有限责任公司设董事会，其成员为三人至十三人；但是，本法第五十条另有规定的除外。

两个以上的国有企业或者两个以上的其他国有投资主体投资设立的有限责任公司，其董事会成员中应当有公司职工代表；其他有限责任公司董事会成员中可以有公司职工代表。董事会中的职工代表由公司职工通过职工代表大会、职工大会或者其他形式民主选举产生。

董事会设董事长一人，可以设副董事长。董事长、副董事长的产生办法由公司章程规定。

第四十五条

董事任期由公司章程规定，但每届任期不得超过三年。董事任期届满，连选可以连任。

董事任期届满未及时改选，或者董事在任期内辞职导致董事会成员低于法定人数的，在改选出的董事就任前，原董事仍应当依照法律、行政法规和公司章程的规定，履行董事职务。

第四十六条

董事会对股东会负责，行使下列职权：

（一）召集股东会会议，并向股东会报告工作；

（二）执行股东会的决议；

（三）决定公司的经营计划和投资方案；

（四）制订公司的年度财务预算方案、决算方案；

（五）制订公司的利润分配方案和弥补亏损方案；

（六）制订公司增加或者减少注册资本以及发行公司债券的方案；

（七）制订公司合并、分立、解散或者变更公司形式的方案；

（八）决定公司内部管理机构的设置；

（九）决定聘任或者解聘公司经理及其报酬事项，并根据经理的提名决定聘任或者解聘公司副经理、财务负责人及其报酬事项；

（十）制定公司的基本管理制度；

（十一）公司章程规定的其他职权。

第四十七条

董事会会议由董事长召集和主持；董事长不能履行职务或者不履行职务的，由副董事长召集和主持；副董事长不能履行职务或者不履行职务的，由半数以上董事共同推举一名董事召集和主持。

第四十八条

董事会的议事方式和表决程序，除本法有规定的外，由公司章程规定。

董事会应当对所议事项的决定作成会议记录，出席会议的董事应当在会议记录上签名。

董事会决议的表决，实行一人一票。

第四十九条

有限责任公司可以设经理，由董事会决定聘任或者解聘。经理对董事会负责，行使下列职权：

（一）主持公司的生产经营管理工作，组织实施董事会决议；

（二）组织实施公司年度经营计划和投资方案；

（三）拟订公司内部管理机构设置方案；

（四）拟订公司的基本管理制度；

（五）制定公司的具体规章；

（六）提请聘任或者解聘公司副经理、财务负责人；

（七）决定聘任或者解聘除应由董事会决定聘任或者解聘以外的负责管理人员；

（八）董事会授予的其他职权。

公司章程对经理职权另有规定的，从其规定。

经理列席董事会会议。

第五十条

股东人数较少或者规模较小的有限责任公司，可以设一名执行董事，不设董事会。执行董事可以兼任公司经理。

执行董事的职权由公司章程规定。

第五十一条

有限责任公司设监事会,其成员不得少于三人。股东人数较少或者规模较小的有限责任公司,可以设一至二名监事,不设监事会。

监事会应当包括股东代表和适当比例的公司职工代表,其中职工代表的比例不得低于三分之一,具体比例由公司章程规定。监事会中的职工代表由公司职工通过职工代表大会、职工大会或者其他形式民主选举产生。

监事会设主席一人,由全体监事过半数选举产生。监事会主席召集和主持监事会会议;监事会主席不能履行职务或者不履行职务的,由半数以上监事共同推举一名监事召集和主持监事会会议。

董事、高级管理人员不得兼任监事。

第五十二条

监事的任期每届为三年。监事任期届满,连选可以连任。

监事任期届满未及时改选,或者监事在任期内辞职导致监事会成员低于法定人数的,在改选出的监事就任前,原监事仍应当依照法律、行政法规和公司章程的规定,履行监事职务。

第五十三条

监事会、不设监事会的公司的监事行使下列职权:

(一)检查公司财务;

(二)对董事、高级管理人员执行公司职务的行为进行监督,对违反法律、行政法规、公司章程或者股东会决议的董事、高级管理人员提出罢免的建议;

(三)当董事、高级管理人员的行为损害公司的利益时,要求董事、高级管理人员予以纠正;

(四)提议召开临时股东会会议,在董事会不履行本法规定的召集和主持股东会会议职责时召集和主持股东会会议;

（五）向股东会会议提出提案；

（六）依照本法第一百五十一条的规定，对董事、高级管理人员提起诉讼；

（七）公司章程规定的其他职权。

第五十四条

监事可以列席董事会会议，并对董事会决议事项提出质询或者建议。

监事会、不设监事会的公司的监事发现公司经营情况异常，可以进行调查；必要时，可以聘请会计师事务所等协助其工作，费用由公司承担。

第五十五条

监事会每年度至少召开一次会议，监事可以提议召开临时监事会会议。

监事会的议事方式和表决程序，除本法有规定的外，由公司章程规定。

监事会决议应当经半数以上监事通过。

监事会应当对所议事项的决定作成会议记录，出席会议的监事应当在会议记录上签名。

第五十六条

监事会、不设监事会的公司的监事行使职权所必需的费用，由公司承担。

第三节　一人有限责任公司的特别规定

第五十七条

一人有限责任公司的设立和组织机构，适用本节规定；本节没有规定的，适用本章第一节、第二节的规定。

本法所称一人有限责任公司，是指只有一个自然人股东或者一个法人股东的有限责任公司。

第五十八条

一个自然人只能投资设立一个一人有限责任公司。该一人有限责任公司不能投资设立新的一人有限责任公司。

第五十九条

一人有限责任公司应当在公司登记中注明自然人独资或者法人独资，并在公司营业执照中载明。

第六十条

一人有限责任公司章程由股东制定。

第六十一条

一人有限责任公司不设股东会。股东作出本法第三十七条第一款所列决定时，应当采用书面形式，并由股东签名后置备于公司。

第六十二条

一人有限责任公司应当在每一会计年度终了时编制财务会计报告，并经会计师事务所审计。

第六十三条

一人有限责任公司的股东不能证明公司财产独立于股东自己的财产的，应当对公司债务承担连带责任。

第四节 国有独资公司的特别规定

第六十四条

国有独资公司的设立和组织机构，适用本节规定；本节没有规定的，适用本章第一节、第二节的规定。

本法所称国有独资公司，是指国家单独出资、由国务院或者地方人民政府授权本级人民政府国有资产监督管理机构履行出资人职责的有限责任公司。

第六十五条

国有独资公司章程由国有资产监督管理机构制定，或者由董事会制订报国有资产监督管理机构批准。

第六十六条

国有独资公司不设股东会，由国有资产监督管理机构行使股东会职权。国有资产监督管理机构可以授权公司董事会行使股东会的部分职权，决定公司的重大事项，但公司的合并、分立、解散、增加或者减少注册资本和发行公司债券，必须由国有资产监督管理机构决定；其中，重要的国有独资公司合并、分立、解散、申请破产的，应当由国有资产监督管理机构审核后，报本级人民政府批准。

前款所称重要的国有独资公司，按照国务院的规定确定。

第六十七条

国有独资公司设董事会，依照本法第四十六条、第六十六条的规定行使职权。董事每届任期不得超过三年。董事会成员中应当有公司职工代表。

董事会成员由国有资产监督管理机构委派；但是，董事会成员中的职工代表由公司职工代表大会选举产生。

董事会设董事长一人，可以设副董事长。董事长、副董事长由国有资产监督管理机构从董事会成员中指定。

第六十八条

国有独资公司设经理，由董事会聘任或者解聘。经理依照本法第四十九条规定行使职权。

经国有资产监督管理机构同意，董事会成员可以兼任经理。

第六十九条

国有独资公司的董事长、副董事长、董事、高级管理人员，未经国有资产监督管理机构同意，不得在其他有限责任公司、股份有限公司或者其他经济组织兼职。

第七十条

国有独资公司监事会成员不得少于五人，其中职工代表的比例不得低于三分之一，具体比例由公司章程规定。

监事会成员由国有资产监督管理机构委派；但是，监事会成员中的职工代表由公司职工代表大会选举产生。监事会主席由国有资产监督管理机构从监事会成员中指定。

监事会行使本法第五十三条第（一）项至第（三）项规定的职权和国务院规定的其他职权。

第三章 有限责任公司的股权转让

第七十一条

有限责任公司的股东之间可以相互转让其全部或者部分股权。

股东向股东以外的人转让股权,应当经其他股东过半数同意。股东应就其股权转让事项书面通知其他股东征求同意,其他股东自接到书面通知之日起满三十日未答复的,视为同意转让。其他股东半数以上不同意转让的,不同意的股东应当购买该转让的股权;不购买的,视为同意转让。

经股东同意转让的股权,在同等条件下,其他股东有优先购买权。两个以上股东主张行使优先购买权的,协商确定各自的购买比例;协商不成的,按照转让时各自的出资比例行使优先购买权。

公司章程对股权转让另有规定的,从其规定。

第七十二条

人民法院依照法律规定的强制执行程序转让股东的股权时,应当通知公司及全体股东,其他股东在同等条件下有优先购买权。其他股东自人民法院通知之日起满二十日不行使优先购买权的,视为放弃优先购买权。

第七十三条

依照本法第七十一条、第七十二条转让股权后,公司应当注销原股东的出资证明书,向新股东签发出资证明书,并相应修改公司章程和股东名册中有关股东及其出资额的记载。对公司章程的该项修改不需再由股东会表决。

第七十四条

有下列情形之一的,对股东会该项决议投反对票的股东可以请求公司按照合理的价格收购其股权:

(一)公司连续五年不向股东分配利润,而公司该五年连续盈利,并且符合本法规定的分配利润条件的;

(二)公司合并、分立、转让主要财产的;

(三)公司章程规定的营业期限届满或者章程规定的其他解散事由出现,

股东会会议通过决议修改章程使公司存续的。

自股东会会议决议通过之日起六十日内,股东与公司不能达成股权收购协议的,股东可以自股东会会议决议通过之日起九十日内向人民法院提起诉讼。

第七十五条

自然人股东死亡后,其合法继承人可以继承股东资格;但是,公司章程另有规定的除外。

第四章 股份有限公司的设立和组织机构

第一节 设　立

第七十六条

设立股份有限公司,应当具备下列条件:

(一)发起人符合法定人数;

(二)有符合公司章程规定的全体发起人认购的股本总额或者募集的实收股本总额;

(三)股份发行、筹办事项符合法律规定;

(四)发起人制订公司章程,采用募集方式设立的经创立大会通过;

(五)有公司名称,建立符合股份有限公司要求的组织机构;

(六)有公司住所。

第七十七条

股份有限公司的设立,可以采取发起设立或者募集设立的方式。

发起设立,是指由发起人认购公司应发行的全部股份而设立公司。

募集设立,是指由发起人认购公司应发行股份的一部分,其余股份向社会公开募集或者向特定对象募集而设立公司。

第七十八条

设立股份有限公司,应当有二人以上二百人以下为发起人,其中须有半数以上的发起人在中国境内有住所。

第七十九条

股份有限公司发起人承担公司筹办事务。

发起人应当签订发起人协议,明确各自在公司设立过程中的权利和义务。

第八十条

股份有限公司采取发起设立方式设立的,注册资本为在公司登记机关登记的全体发起人认购的股本总额。在发起人认购的股份缴足前,不得向他人募集股份。

股份有限公司采取募集方式设立的,注册资本为在公司登记机关登记的实收股本总额。

法律、行政法规以及国务院决定对股份有限公司注册资本实缴、注册资本最低限额另有规定的,从其规定。

第八十一条

股份有限公司章程应当载明下列事项:

(一)公司名称和住所;

(二)公司经营范围;

(三)公司设立方式;

(四)公司股份总数、每股金额和注册资本;

(五)发起人的姓名或者名称、认购的股份数、出资方式和出资时间;

(六)董事会的组成、职权和议事规则;

(七)公司法定代表人;

(八)监事会的组成、职权和议事规则;

(九)公司利润分配办法;

(十)公司的解散事由与清算办法;

(十一)公司的通知和公告办法;

(十二)股东大会会议认为需要规定的其他事项。

第八十二条

发起人的出资方式,适用本法第二十七条的规定。

第八十三条

以发起设立方式设立股份有限公司的,发起人应当书面认足公司章程规定其认购的股份,并按照公司章程规定缴纳出资。以非货币财产出资的,应当依法办理其财产权的转移手续。

发起人不依照前款规定缴纳出资的,应当按照发起人协议承担违约责任。

发起人认足公司章程规定的出资后,应当选举董事会和监事会,由董事会向公司登记机关报送公司章程以及法律、行政法规规定的其他文件,申请设立登记。

第八十四条

以募集设立方式设立股份有限公司的,发起人认购的股份不得少于公司股份总数的百分之三十五;但是,法律、行政法规另有规定的,从其规定。

第八十五条

发起人向社会公开募集股份,必须公告招股说明书,并制作认股书。认股书应当载明本法第八十六条所列事项,由认股人填写认购股数、金额、住所,并签名、盖章。认股人按照所认购股数缴纳股款。

第八十六条

招股说明书应当附有发起人制订的公司章程,并载明下列事项:

(一)发起人认购的股份数;

(二)每股的票面金额和发行价格;

(三)无记名股票的发行总数;

(四)募集资金的用途;

(五)认股人的权利、义务;

(六)本次募股的起止期限及逾期未募足时认股人可以撤回所认股份的说明。

第八十七条

发起人向社会公开募集股份,应当由依法设立的证券公司承销,签订承销协议。

第八十八条

发起人向社会公开募集股份，应当同银行签订代收股款协议。

代收股款的银行应当按照协议代收和保存股款，向缴纳股款的认股人出具收款单据，并负有向有关部门出具收款证明的义务。

第八十九条

发行股份的股款缴足后，必须经依法设立的验资机构验资并出具证明。发起人应当自股款缴足之日起三十日内主持召开公司创立大会。创立大会由发起人、认股人组成。

发行的股份超过招股说明书规定的截止期限尚未募足的，或者发行股份的股款缴足后，发起人在三十日内未召开创立大会的，认股人可以按照所缴股款并加算银行同期存款利息，要求发起人返还。

第九十条

发起人应当在创立大会召开十五日前将会议日期通知各认股人或者予以公告。创立大会应有代表股份总数过半数的发起人、认股人出席，方可举行。

创立大会行使下列职权：

（一）审议发起人关于公司筹办情况的报告；

（二）通过公司章程；

（三）选举董事会成员；

（四）选举监事会成员；

（五）对公司的设立费用进行审核；

（六）对发起人用于抵作股款的财产的作价进行审核；

（七）发生不可抗力或者经营条件发生重大变化直接影响公司设立的，可以作出不设立公司的决议。

创立大会对前款所列事项作出决议，必须经出席会议的认股人所持表决权过半数通过。

第九十一条

发起人、认股人缴纳股款或者交付抵作股款的出资后，除未按期募足股份、发起人未按期召开创立大会或者创立大会决议不设立公司的情形外，不得抽回其股本。

第九十二条

董事会应于创立大会结束后三十日内，向公司登记机关报送下列文件，申请设立登记：

（一）公司登记申请书；

（二）创立大会的会议记录；

（三）公司章程；

（四）验资证明；

（五）法定代表人、董事、监事的任职文件及其身份证明；

（六）发起人的法人资格证明或者自然人身份证明；

（七）公司住所证明。

以募集方式设立股份有限公司公开发行股票的，还应当向公司登记机关报送国务院证券监督管理机构的核准文件。

第九十三条

股份有限公司成立后，发起人未按照公司章程的规定缴足出资的，应当补缴；其他发起人承担连带责任。

股份有限公司成立后，发现作为设立公司出资的非货币财产的实际价额显著低于公司章程所定价额的，应当由交付该出资的发起人补足其差额；其他发起人承担连带责任。

第九十四条

股份有限公司的发起人应当承担下列责任：

（一）公司不能成立时，对设立行为所产生的债务和费用负连带责任；

（二）公司不能成立时，对认股人已缴纳的股款，负返还股款并加算银行同期存款利息的连带责任；

（三）在公司设立过程中，由于发起人的过失致使公司利益受到损害的，应当对公司承担赔偿责任。

第九十五条

有限责任公司变更为股份有限公司时，折合的实收股本总额不得高于公司净资产额。有限责任公司变更为股份有限公司，为增加资本公开发行股份时，应当依法办理。

第九十六条

股份有限公司应当将公司章程、股东名册、公司债券存根、股东大会会议记录、董事会会议记录、监事会会议记录、财务会计报告置备于本公司。

第九十七条

股东有权查阅公司章程、股东名册、公司债券存根、股东大会会议记录、董事会会议决议、监事会会议决议、财务会计报告，对公司的经营提出建议或者质询。

第二节 股东大会

第九十八条

股份有限公司股东大会由全体股东组成。股东大会是公司的权力机构，依照本法行使职权。

第九十九条

本法第三十七条第一款关于有限责任公司股东会职权的规定，适用于股份有限公司股东大会。

第一百条

股东大会应当每年召开一次年会。有下列情形之一的，应当在两个月内召开临时股东大会：

（一）董事人数不足本法规定人数或者公司章程所定人数的三分之二时；

（二）公司未弥补的亏损达实收股本总额三分之一时；

（三）单独或者合计持有公司百分之十以上股份的股东请求时；

（四）董事会认为必要时；

（五）监事会提议召开时；

（六）公司章程规定的其他情形。

第一百零一条

股东大会会议由董事会召集，董事长主持；董事长不能履行职务或者不履行职务的，由副董事长主持；副董事长不能履行职务或者不履行职务的，由半数以上董事共同推举一名董事主持。

董事会不能履行或者不履行召集股东大会会议职责的，监事会应当及时召集和主持；监事会不召集和主持的，连续九十日以上单独或者合计持有公司百分之十以上股份的股东可以自行召集和主持。

第一百零二条

召开股东大会会议，应当将会议召开的时间、地点和审议的事项于会议召开二十日前通知各股东；临时股东大会应当于会议召开十五日前通知各股东；发行无记名股票的，应当于会议召开三十日前公告会议召开的时间、地点和审议事项。

单独或者合计持有公司百分之三以上股份的股东，可以在股东大会召开十日前提出临时提案并书面提交董事会；董事会应当在收到提案后二日内通知其他股东，并将该临时提案提交股东大会审议。临时提案的内容应当属于股东大会职权范围，并有明确议题和具体决议事项。

股东大会不得对前两款通知中未列明的事项作出决议。

无记名股票持有人出席股东大会会议的，应当于会议召开五日前至股东大会闭会时将股票交存于公司。

第一百零三条

股东出席股东大会会议，所持每一股份有一表决权。但是，公司持有的本公司股份没有表决权。

股东大会作出决议，必须经出席会议的股东所持表决权过半数通过。但是，股东大会作出修改公司章程、增加或者减少注册资本的决议，以及公司合并、分立、解散或者变更公司形式的决议，必须经出席会议的股东所持表决权的三分之二以上通过。

第一百零四条

本法和公司章程规定公司转让、受让重大资产或者对外提供担保等事项必须经股东大会作出决议的，董事会应当及时召集股东大会会议，由股东大会就上述事项进行表决。

第一百零五条

股东大会选举董事、监事，可以依照公司章程的规定或者股东大会的决议，实行累积投票制。

本法所称累积投票制，是指股东大会选举董事或者监事时，每一股份拥有与应选董事或者监事人数相同的表决权，股东拥有的表决权可以集中使用。

第一百零六条

股东可以委托代理人出席股东大会会议，代理人应当向公司提交股东授权委托书，并在授权范围内行使表决权。

第一百零七条

股东大会应当对所议事项的决定作成会议记录，主持人、出席会议的董事应当在会议记录上签名。会议记录应当与出席股东的签名册及代理出席的委托书一并保存。

第三节 董事会、经理

第一百零八条

股份有限公司设董事会，其成员为五人至十九人。

董事会成员中可以有公司职工代表。董事会中的职工代表由公司职工通过职工代表大会、职工大会或者其他形式民主选举产生。

本法第四十五条关于有限责任公司董事任期的规定，适用于股份有限公司董事。

本法第四十六条关于有限责任公司董事会职权的规定，适用于股份有限公司董事会。

第一百零九条

董事会设董事长一人，可以设副董事长。董事长和副董事长由董事会以全体董事的过半数选举产生。

董事长召集和主持董事会会议，检查董事会决议的实施情况。副董事长协助董事长工作，董事长不能履行职务或者不履行职务的，由副董事长履行职务；副董事长不能履行职务或者不履行职务的，由半数以上董事共同推举一名董事履行职务。

第一百一十条

董事会每年度至少召开两次会议,每次会议应当于会议召开十日前通知全体董事和监事。

代表十分之一以上表决权的股东、三分之一以上董事或者监事会,可以提议召开董事会临时会议。董事长应当自接到提议后十日内,召集和主持董事会会议。

董事会召开临时会议,可以另定召集董事会的通知方式和通知时限。

第一百一十一条

董事会会议应有过半数的董事出席方可举行。董事会作出决议,必须经全体董事的过半数通过。

董事会决议的表决,实行一人一票。

第一百一十二条

董事会会议,应由董事本人出席;董事因故不能出席,可以书面委托其他董事代为出席,委托书中应载明授权范围。

董事会应当对会议所议事项的决定作成会议记录,出席会议的董事应当在会议记录上签名。

董事应当对董事会的决议承担责任。董事会的决议违反法律、行政法规或者公司章程、股东大会决议,致使公司遭受严重损失的,参与决议的董事对公司负赔偿责任。但经证明在表决时曾表明异议并记载于会议记录的,该董事可以免除责任。

第一百一十三条

股份有限公司设经理,由董事会决定聘任或者解聘。

本法第四十九条关于有限责任公司经理职权的规定,适用于股份有限公司经理。

第一百一十四条

公司董事会可以决定由董事会成员兼任经理。

第一百一十五条

公司不得直接或者通过子公司向董事、监事、高级管理人员提供借款。

第一百一十六条

公司应当定期向股东披露董事、监事、高级管理人员从公司获得报酬的情况。

第四节 监事会

第一百一十七条

股份有限公司设监事会,其成员不得少于三人。

监事会应当包括股东代表和适当比例的公司职工代表,其中职工代表的比例不得低于三分之一,具体比例由公司章程规定。监事会中的职工代表由公司职工通过职工代表大会、职工大会或者其他形式民主选举产生。

监事会设主席一人,可以设副主席。监事会主席和副主席由全体监事过半数选举产生。监事会主席召集和主持监事会会议;监事会主席不能履行职务或者不履行职务的,由监事会副主席召集和主持监事会会议;监事会副主席不能履行职务或者不履行职务的,由半数以上监事共同推举一名监事召集和主持监事会会议。

董事、高级管理人员不得兼任监事。

本法第五十二条关于有限责任公司监事任期的规定,适用于股份有限公司监事。

第一百一十八条

本法第五十三条、第五十四条关于有限责任公司监事会职权的规定,适用于股份有限公司监事会。

监事会行使职权所必需的费用,由公司承担。

第一百一十九条

监事会每六个月至少召开一次会议。监事可以提议召开临时监事会会议。

监事会的议事方式和表决程序,除本法有规定的外,由公司章程规定。

监事会决议应当经半数以上监事通过。

监事会应当对所议事项的决定作成会议记录，出席会议的监事应当在会议记录上签名。

第五节 上市公司组织机构的特别规定

第一百二十条

本法所称上市公司，是指其股票在证券交易所上市交易的股份有限公司。

第一百二十一条

上市公司在一年内购买、出售重大资产或者担保金额超过公司资产总额百分之三十的，应当由股东大会作出决议，并经出席会议的股东所持表决权的三分之二以上通过。

第一百二十二条

上市公司设独立董事，具体办法由国务院规定。

第一百二十三条

上市公司设董事会秘书，负责公司股东大会和董事会会议的筹备、文件保管以及公司股东资料的管理，办理信息披露事务等事宜。

第一百二十四条

上市公司董事与董事会会议决议事项所涉及的企业有关联关系的，不得对该项决议行使表决权，也不得代理其他董事行使表决权。该董事会会议由过半数的无关联关系董事出席即可举行，董事会会议所作决议须经无关联关系董事过半数通过。出席董事会的无关联关系董事人数不足三人的，应将该事项提交上市公司股东大会审议。

第五章 股份有限公司的股份发行和转让

第一节 股份发行

第一百二十五条

股份有限公司的资本划分为股份，每一股的金额相等。

公司的股份采取股票的形式。股票是公司签发的证明股东所持股份的凭证。

第一百二十六条

股份的发行，实行公平、公正的原则，同种类的每一股份应当具有同等权利。

同次发行的同种类股票，每股的发行条件和价格应当相同；任何单位或者个人所认购的股份，每股应当支付相同价额。

第一百二十七条

股票发行价格可以按票面金额，也可以超过票面金额，但不得低于票面金额。

第一百二十八条

股票采用纸面形式或者国务院证券监督管理机构规定的其他形式。

股票应当载明下列主要事项：

（一）公司名称；

（二）公司成立日期；

（三）股票种类、票面金额及代表的股份数；

（四）股票的编号。

股票由法定代表人签名，公司盖章。

发起人的股票，应当标明发起人股票字样。

第一百二十九条

公司发行的股票，可以为记名股票，也可以为无记名股票。

公司向发起人、法人发行的股票，应当为记名股票，并应当记载该发起人、法人的名称或者姓名，不得另立户名或者以代表人姓名记名。

第一百三十条

公司发行记名股票的，应当置备股东名册，记载下列事项：

（一）股东的姓名或者名称及住所；

（二）各股东所持股份数；

（三）各股东所持股票的编号；

（四）各股东取得股份的日期。

发行无记名股票的，公司应当记载其股票数量、编号及发行日期。

第一百三十一条

国务院可以对公司发行本法规定以外的其他种类的股份，另行作出规定。

第一百三十二条

股份有限公司成立后，即向股东正式交付股票。公司成立前不得向股东交付股票。

第一百三十三条

公司发行新股，股东大会应当对下列事项作出决议：

（一）新股种类及数额；

（二）新股发行价格；

（三）新股发行的起止日期；

（四）向原有股东发行新股的种类及数额。

第一百三十四条

公司经国务院证券监督管理机构核准公开发行新股时，必须公告新股招股说明书和财务会计报告，并制作认股书。

本法第八十七条、第八十八条的规定适用于公司公开发行新股。

第一百三十五条

公司发行新股，可以根据公司经营情况和财务状况，确定其作价方案。

第一百三十六条

公司发行新股募足股款后，必须向公司登记机关办理变更登记，并公告。

第二节 股份转让

第一百三十七条

股东持有的股份可以依法转让。

第一百三十八条

股东转让其股份，应当在依法设立的证券交易场所进行或者按照国务院规定的其他方式进行。

第一百三十九条

记名股票，由股东以背书方式或者法律、行政法规规定的其他方式转让；转让后由公司将受让人的姓名或者名称及住所记载于股东名册。

股东大会召开前二十日内或者公司决定分配股利的基准日前五日内，不得进行前款规定的股东名册的变更登记。但是，法律对上市公司股东名册变更登记另有规定的，从其规定。

第一百四十条

无记名股票的转让，由股东将该股票交付给受让人后即发生转让的效力。

第一百四十一条

发起人持有的本公司股份，自公司成立之日起一年内不得转让。公司公开发行股份前已发行的股份，自公司股票在证券交易所上市交易之日起一年内不得转让。

公司董事、监事、高级管理人员应当向公司申报所持有的本公司的股份及其变动情况，在任职期间每年转让的股份不得超过其所持有本公司股份总数的百分之二十五；所持本公司股份自公司股票上市交易之日起一年内不得转让。上述人员离职后半年内，不得转让其所持有的本公司股份。公司章程可以对公司董事、监事、高级管理人员转让其所持有的本公司股份作出其他限制性规定。

第一百四十二条

公司不得收购本公司股份。但是，有下列情形之一的除外：

（一）减少公司注册资本；

（二）与持有本公司股份的其他公司合并；

（三）将股份用于员工持股计划或者股权激励；

（四）股东因对股东大会作出的公司合并、分立决议持异议，要求公司收购其股份；

（五）将股份用于转换上市公司发行的可转换为股票的公司债券；

（六）上市公司为维护公司价值及股东权益所必需。

公司因前款第（一）项、第（二）项规定的情形收购本公司股份的，应当经股东大会决议；公司因前款第（三）项、第（五）项、第（六）项规定的情形收购本公司股份的，可以依照公司章程的规定或者股东大会的授权，经三分之二以上董事出席的董事会会议决议。

公司依照本条第一款规定收购本公司股份后，属于第（一）项情形的，应当自收购之日起十日内注销；属于第（二）项、第（四）项情形的，应当在六个月内转让或者注销；属于第（三）项、第（五）项、第（六）项情形的，公司合计持有的本公司股份数不得超过本公司已发行股份总额的百分之十，并应当在三年内转让或者注销。

上市公司收购本公司股份的，应当依照《中华人民共和国证券法》的规定履行信息披露义务。上市公司因本条第一款第（三）项、第（五）项、第（六）项规定的情形收购本公司股份的，应当通过公开的集中交易方式进行。

公司不得接受本公司的股票作为质押权的标的。

第一百四十三条

记名股票被盗、遗失或者灭失，股东可以依照《中华人民共和国民事诉讼法》规定的公示催告程序，请求人民法院宣告该股票失效。人民法院宣告该股票失效后，股东可以向公司申请补发股票。

第一百四十四条

上市公司的股票，依照有关法律、行政法规及证券交易所交易规则上市交易。

第一百四十五条

上市公司必须依照法律、行政法规的规定，公开其财务状况、经营情况及重大诉讼，在每会计年度内半年公布一次财务会计报告。

第六章 公司董事、监事、高级管理人员的资格和义务

第一百四十六条

有下列情形之一的，不得担任公司的董事、监事、高级管理人员：

（一）无民事行为能力或者限制民事行为能力；

（二）因贪污、贿赂、侵占财产、挪用财产或者破坏社会主义市场经济

秩序，被判处刑罚，执行期满未逾五年，或者因犯罪被剥夺政治权利，执行期满未逾五年；

（三）担任破产清算的公司、企业的董事或者厂长、经理，对该公司、企业的破产负有个人责任的，自该公司、企业破产清算完结之日起未逾三年；

（四）担任因违法被吊销营业执照、责令关闭的公司、企业的法定代表人，并负有个人责任的，自该公司、企业被吊销营业执照之日起未逾三年；

（五）个人所负数额较大的债务到期未清偿。

公司违反前款规定选举、委派董事、监事或者聘任高级管理人员的，该选举、委派或者聘任无效。

董事、监事、高级管理人员在任职期间出现本条第一款所列情形的，公司应当解除其职务。

第一百四十七条

董事、监事、高级管理人员应当遵守法律、行政法规和公司章程，对公司负有忠实义务和勤勉义务。

董事、监事、高级管理人员不得利用职权收受贿赂或者其他非法收入，不得侵占公司的财产。

第一百四十八条

董事、高级管理人员不得有下列行为：

（一）挪用公司资金；

（二）将公司资金以其个人名义或者以其他个人名义开立账户存储；

（三）违反公司章程的规定，未经股东会、股东大会或者董事会同意，将公司资金借贷给他人或者以公司财产为他人提供担保；

（四）违反公司章程的规定或者未经股东会、股东大会同意，与本公司订立合同或者进行交易；

（五）未经股东会或者股东大会同意，利用职务便利为自己或者他人谋取属于公司的商业机会，自营或者为他人经营与所任职公司同类的业务；

（六）接受他人与公司交易的佣金归为己有；

（七）擅自披露公司秘密；

（八）违反对公司忠实义务的其他行为。

董事、高级管理人员违反前款规定所得的收入应当归公司所有。

第一百四十九条

董事、监事、高级管理人员执行公司职务时违反法律、行政法规或者公司章程的规定，给公司造成损失的，应当承担赔偿责任。

第一百五十条

股东会或者股东大会要求董事、监事、高级管理人员列席会议的，董事、监事、高级管理人员应当列席并接受股东的质询。

董事、高级管理人员应当如实向监事会或者不设监事会的有限责任公司的监事提供有关情况和资料，不得妨碍监事会或者监事行使职权。

第一百五十一条

董事、高级管理人员有本法第一百四十九条规定的情形的，有限责任公司的股东、股份有限公司连续一百八十日以上单独或者合计持有公司百分之一以上股份的股东，可以书面请求监事会或者不设监事会的有限责任公司的监事向人民法院提起诉讼；监事有本法第一百四十九条规定的情形的，前述股东可以书面请求董事会或者不设董事会的有限责任公司的执行董事向人民法院提起诉讼。

监事会、不设监事会的有限责任公司的监事，或者董事会、执行董事收到前款规定的股东书面请求后拒绝提起诉讼，或者自收到请求之日起三十日内未提起诉讼，或者情况紧急、不立即提起诉讼将会使公司利益受到难以弥补的损害的，前款规定的股东有权为了公司的利益以自己的名义直接向人民法院提起诉讼。

他人侵犯公司合法权益，给公司造成损失的，本条第一款规定的股东可以依照前两款的规定向人民法院提起诉讼。

第一百五十二条

董事、高级管理人员违反法律、行政法规或者公司章程的规定，损害股东利益的，股东可以向人民法院提起诉讼。

第七章 公司债券

第一百五十三条

本法所称公司债券,是指公司依照法定程序发行、约定在一定期限还本付息的有价证券。

公司发行公司债券应当符合《中华人民共和国证券法》规定的发行条件。

第一百五十四条

发行公司债券的申请经国务院授权的部门核准后,应当公告公司债券募集办法。

公司债券募集办法中应当载明下列主要事项:

(一)公司名称;

(二)债券募集资金的用途;

(三)债券总额和债券的票面金额;

(四)债券利率的确定方式;

(五)还本付息的期限和方式;

(六)债券担保情况;

(七)债券的发行价格、发行的起止日期;

(八)公司净资产额;

(九)已发行的尚未到期的公司债券总额;

(十)公司债券的承销机构。

第一百五十五条

公司以实物券方式发行公司债券的,必须在债券上载明公司名称、债券票面金额、利率、偿还期限等事项,并由法定代表人签名,公司盖章。

第一百五十六条

公司债券,可以为记名债券,也可以为无记名债券。

第一百五十七条

公司发行公司债券应当置备公司债券存根簿。

发行记名公司债券的,应当在公司债券存根簿上载明下列事项:

（一）债券持有人的姓名或者名称及住所；
（二）债券持有人取得债券的日期及债券的编号；
（三）债券总额，债券的票面金额、利率、还本付息的期限和方式；
（四）债券的发行日期。

发行无记名公司债券的，应当在公司债券存根簿上载明债券总额、利率、偿还期限和方式、发行日期及债券的编号。

第一百五十八条

记名公司债券的登记结算机构应当建立债券登记、存管、付息、兑付等相关制度。

第一百五十九条

公司债券可以转让，转让价格由转让人与受让人约定。

公司债券在证券交易所上市交易的，按照证券交易所的交易规则转让。

第一百六十条

记名公司债券，由债券持有人以背书方式或者法律、行政法规规定的其他方式转让；转让后由公司将受让人的姓名或者名称及住所记载于公司债券存根簿。

无记名公司债券的转让，由债券持有人将该债券交付给受让人后即发生转让的效力。

第一百六十一条

上市公司经股东大会决议可以发行可转换为股票的公司债券，并在公司债券募集办法中规定具体的转换办法。上市公司发行可转换为股票的公司债券，应当报国务院证券监督管理机构核准。

发行可转换为股票的公司债券，应当在债券上标明可转换公司债券字样，并在公司债券存根簿上载明可转换公司债券的数额。

第一百六十二条

发行可转换为股票的公司债券的，公司应当按照其转换办法向债券持有人换发股票，但债券持有人对转换股票或者不转换股票有选择权。

第八章 公司财务、会计

第一百六十三条

公司应当依照法律、行政法规和国务院财政部门的规定建立本公司的财务、会计制度。

第一百六十四条

公司应当在每一会计年度终了时编制财务会计报告，并依法经会计师事务所审计。

财务会计报告应当依照法律、行政法规和国务院财政部门的规定制作。

第一百六十五条

有限责任公司应当依照公司章程规定的期限将财务会计报告送交各股东。

股份有限公司的财务会计报告应当在召开股东大会年会的二十日前置备于本公司，供股东查阅；公开发行股票的股份有限公司必须公告其财务会计报告。

第一百六十六条

公司分配当年税后利润时，应当提取利润的百分之十列入公司法定公积金。公司法定公积金累计额为公司注册资本的百分之五十以上的，可以不再提取。

公司的法定公积金不足以弥补以前年度亏损的，在依照前款规定提取法定公积金之前，应当先用当年利润弥补亏损。

公司从税后利润中提取法定公积金后，经股东会或者股东大会决议，还可以从税后利润中提取任意公积金。

公司弥补亏损和提取公积金后所余税后利润，有限责任公司依照本法第三十四条的规定分配；股份有限公司按照股东持有的股份比例分配，但股份有限公司章程规定不按持股比例分配的除外。

股东会、股东大会或者董事会违反前款规定，在公司弥补亏损和提取法定公积金之前向股东分配利润的，股东必须将违反规定分配的利润退还公司。

公司持有的本公司股份不得分配利润。

第一百六十七条

股份有限公司以超过股票票面金额的发行价格发行股份所得的溢价款以及国务院财政部门规定列入资本公积金的其他收入，应当列为公司资本公积金。

第一百六十八条

公司的公积金用于弥补公司的亏损、扩大公司生产经营或者转为增加公司资本。但是，资本公积金不得用于弥补公司的亏损。

法定公积金转为资本时，所留存的该项公积金不得少于转增前公司注册资本的百分之二十五。

第一百六十九条

公司聘用、解聘承办公司审计业务的会计师事务所，依照公司章程的规定，由股东会、股东大会或者董事会决定。

公司股东会、股东大会或者董事会就解聘会计师事务所进行表决时，应当允许会计师事务所陈述意见。

第一百七十条

公司应当向聘用的会计师事务所提供真实、完整的会计凭证、会计账簿、财务会计报告及其他会计资料，不得拒绝、隐匿、谎报。

第一百七十一条

公司除法定的会计账簿外，不得另立会计账簿。

对公司资产，不得以任何个人名义开立账户存储。

第九章 公司合并、分立、增资、减资

第一百七十二条

公司合并可以采取吸收合并或者新设合并。

一个公司吸收其他公司为吸收合并，被吸收的公司解散。两个以上公司合并设立一个新的公司为新设合并，合并各方解散。

第一百七十三条

公司合并，应当由合并各方签订合并协议，并编制资产负债表及财产清单。公司应当自作出合并决议之日起十日内通知债权人，并于三十日内在报

纸上公告。债权人自接到通知书之日起三十日内，未接到通知书的自公告之日起四十五日内，可以要求公司清偿债务或者提供相应的担保。

第一百七十四条

公司合并时，合并各方的债权、债务，应当由合并后存续的公司或者新设的公司承继。

第一百七十五条

公司分立，其财产作相应的分割。

公司分立，应当编制资产负债表及财产清单。公司应当自作出分立决议之日起十日内通知债权人，并于三十日内在报纸上公告。

第一百七十六条

公司分立前的债务由分立后的公司承担连带责任。但是，公司在分立前与债权人就债务清偿达成的书面协议另有约定的除外。

第一百七十七条

公司需要减少注册资本时，必须编制资产负债表及财产清单。

公司应当自作出减少注册资本决议之日起十日内通知债权人，并于三十日内在报纸上公告。债权人自接到通知书之日起三十日内，未接到通知书的自公告之日起四十五日内，有权要求公司清偿债务或者提供相应的担保。

第一百七十八条

有限责任公司增加注册资本时，股东认缴新增资本的出资，依照本法设立有限责任公司缴纳出资的有关规定执行。

股份有限公司为增加注册资本发行新股时，股东认购新股，依照本法设立股份有限公司缴纳股款的有关规定执行。

第一百七十九条

公司合并或者分立，登记事项发生变更的，应当依法向公司登记机关办理变更登记；公司解散的，应当依法办理公司注销登记；设立新公司的，应当依法办理公司设立登记。

公司增加或者减少注册资本，应当依法向公司登记机关办理变更登记。

第十章　公司解散和清算

第一百八十条

公司因下列原因解散：

（一）公司章程规定的营业期限届满或者公司章程规定的其他解散事由出现；

（二）股东会或者股东大会决议解散；

（三）因公司合并或者分立需要解散；

（四）依法被吊销营业执照、责令关闭或者被撤销；

（五）人民法院依照本法第一百八十二条的规定予以解散。

第一百八十一条

公司有本法第一百八十条第（一）项情形的，可以通过修改公司章程而存续。

依照前款规定修改公司章程，有限责任公司须经持有三分之二以上表决权的股东通过，股份有限公司须经出席股东大会会议的股东所持表决权的三分之二以上通过。

第一百八十二条

公司经营管理发生严重困难，继续存续会使股东利益受到重大损失，通过其他途径不能解决的，持有公司全部股东表决权百分之十以上的股东，可以请求人民法院解散公司。

第一百八十三条

公司因本法第一百八十条第（一）项、第（二）项、第（四）项、第（五）项规定而解散的，应当在解散事由出现之日起十五日内成立清算组，开始清算。有限责任公司的清算组由股东组成，股份有限公司的清算组由董事或者股东大会确定的人员组成。逾期不成立清算组进行清算的，债权人可以申请人民法院指定有关人员组成清算组进行清算。人民法院应当受理该申请，并及时组织清算组进行清算。

第一百八十四条

清算组在清算期间行使下列职权：

（一）清理公司财产，分别编制资产负债表和财产清单；

（二）通知、公告债权人；

（三）处理与清算有关的公司未了结的业务；

（四）清缴所欠税款以及清算过程中产生的税款；

（五）清理债权、债务；

（六）处理公司清偿债务后的剩余财产；

（七）代表公司参与民事诉讼活动。

第一百八十五条

清算组应当自成立之日起十日内通知债权人，并于六十日内在报纸上公告。债权人应当自接到通知书之日起三十日内，未接到通知书的自公告之日起四十五日内，向清算组申报其债权。

债权人申报债权，应当说明债权的有关事项，并提供证明材料。清算组应当对债权进行登记。

在申报债权期间，清算组不得对债权人进行清偿。

第一百八十六条

清算组在清理公司财产、编制资产负债表和财产清单后，应当制定清算方案，并报股东会、股东大会或者人民法院确认。

公司财产在分别支付清算费用、职工的工资、社会保险费用和法定补偿金，缴纳所欠税款，清偿公司债务后的剩余财产，有限责任公司按照股东的出资比例分配，股份有限公司按照股东持有的股份比例分配。

清算期间，公司存续，但不得开展与清算无关的经营活动。公司财产在未依照前款规定清偿前，不得分配给股东。

第一百八十七条

清算组在清理公司财产、编制资产负债表和财产清单后，发现公司财产不足清偿债务的，应当依法向人民法院申请宣告破产。

公司经人民法院裁定宣告破产后，清算组应当将清算事务移交给人民法院。

第一百八十八条

公司清算结束后，清算组应当制作清算报告，报股东会、股东大会或者人民法院确认，并报送公司登记机关，申请注销公司登记，公告公司终止。

第一百八十九条

清算组成员应当忠于职守，依法履行清算义务。

清算组成员不得利用职权收受贿赂或者其他非法收入，不得侵占公司财产。

清算组成员因故意或者重大过失给公司或者债权人造成损失的，应当承担赔偿责任。

第一百九十条

公司被依法宣告破产的，依照有关企业破产的法律实施破产清算。

第十一章　外国公司的分支机构

第一百九十一条

本法所称外国公司是指依照外国法律在中国境外设立的公司。

第一百九十二条

外国公司在中国境内设立分支机构，必须向中国主管机关提出申请，并提交其公司章程、所属国的公司登记证书等有关文件，经批准后，向公司登记机关依法办理登记，领取营业执照。

外国公司分支机构的审批办法由国务院另行规定。

第一百九十三条

外国公司在中国境内设立分支机构，必须在中国境内指定负责该分支机构的代表人或者代理人，并向该分支机构拨付与其所从事的经营活动相适应的资金。

对外国公司分支机构的经营资金需要规定最低限额的，由国务院另行规定。

第一百九十四条

外国公司的分支机构应当在其名称中标明该外国公司的国籍及责任形式。

外国公司的分支机构应当在本机构中置备该外国公司章程。

第一百九十五条

外国公司在中国境内设立的分支机构不具有中国法人资格。

外国公司对其分支机构在中国境内进行经营活动承担民事责任。

第一百九十六条

经批准设立的外国公司分支机构，在中国境内从事业务活动，必须遵守中国的法律，不得损害中国的社会公共利益，其合法权益受中国法律保护。

第一百九十七条

外国公司撤销其在中国境内的分支机构时，必须依法清偿债务，依照本法有关公司清算程序的规定进行清算。未清偿债务之前，不得将其分支机构的财产移至中国境外。

第十二章　法律责任

第一百九十八条

违反本法规定，虚报注册资本、提交虚假材料或者采取其他欺诈手段隐瞒重要事实取得公司登记的，由公司登记机关责令改正，对虚报注册资本的公司，处以虚报注册资本金额百分之五以上百分之十五以下的罚款；对提交虚假材料或者采取其他欺诈手段隐瞒重要事实的公司，处以五万元以上五十万元以下的罚款；情节严重的，撤销公司登记或者吊销营业执照。

第一百九十九条

公司的发起人、股东虚假出资，未交付或者未按期交付作为出资的货币或者非货币财产的，由公司登记机关责令改正，处以虚假出资金额百分之五以上百分之十五以下的罚款。

第二百条

公司的发起人、股东在公司成立后，抽逃其出资的，由公司登记机关责令改正，处以所抽逃出资金额百分之五以上百分之十五以下的罚款。

第二百零一条

公司违反本法规定，在法定的会计账簿以外另立会计账簿的，由县级以上人民政府财政部门责令改正，处以五万元以上五十万元以下的罚款。

第二百零二条

公司在依法向有关主管部门提供的财务会计报告等材料上作虚假记载或者隐瞒重要事实的，由有关主管部门对直接负责的主管人员和其他直接责任人员处以三万元以上三十万元以下的罚款。

第二百零三条

公司不依照本法规定提取法定公积金的，由县级以上人民政府财政部门责令如数补足应当提取的金额，可以对公司处以二十万元以下的罚款。

第二百零四条

公司在合并、分立、减少注册资本或者进行清算时，不依照本法规定通知或者公告债权人的，由公司登记机关责令改正，对公司处以一万元以上十万元以下的罚款。

公司在进行清算时，隐匿财产，对资产负债表或者财产清单作虚假记载或者在未清偿债务前分配公司财产的，由公司登记机关责令改正，对公司处以隐匿财产或者未清偿债务前分配公司财产金额百分之五以上百分之十以下的罚款；对直接负责的主管人员和其他直接责任人员处以一万元以上十万元以下的罚款。

第二百零五条

公司在清算期间开展与清算无关的经营活动的，由公司登记机关予以警告，没收违法所得。

第二百零六条

清算组不依照本法规定向公司登记机关报送清算报告，或者报送清算报告隐瞒重要事实或者有重大遗漏的，由公司登记机关责令改正。

清算组成员利用职权徇私舞弊、谋取非法收入或者侵占公司财产的，由公司登记机关责令退还公司财产，没收违法所得，并可以处以违法所得一倍以上五倍以下的罚款。

第二百零七条

承担资产评估、验资或者验证的机构提供虚假材料的，由公司登记机关没收违法所得，处以违法所得一倍以上五倍以下的罚款，并可以由有关主管部门依法责令该机构停业、吊销直接责任人员的资格证书，吊销营业执照。

承担资产评估、验资或者验证的机构因过失提供有重大遗漏的报告的，由公司登记机关责令改正，情节较重的，处以所得收入一倍以上五倍以下的罚款，并可以由有关主管部门依法责令该机构停业、吊销直接责任人员的资格证书，吊销营业执照。

承担资产评估、验资或者验证的机构因其出具的评估结果、验资或者验证证明不实，给公司债权人造成损失的，除能够证明自己没有过错的外，在其评估或者证明不实的金额范围内承担赔偿责任。

第二百零八条

公司登记机关对不符合本法规定条件的登记申请予以登记，或者对符合本法规定条件的登记申请不予登记的，对直接负责的主管人员和其他直接责任人员，依法给予行政处分。

第二百零九条

公司登记机关的上级部门强令公司登记机关对不符合本法规定条件的登记申请予以登记，或者对符合本法规定条件的登记申请不予登记的，或者对违法登记进行包庇的，对直接负责的主管人员和其他直接责任人员依法给予行政处分。

第二百一十条

未依法登记为有限责任公司或者股份有限公司，而冒用有限责任公司或者股份有限公司名义的，或者未依法登记为有限责任公司或者股份有限公司的分公司，而冒用有限责任公司或者股份有限公司的分公司名义的，由公司登记机关责令改正或者予以取缔，可以并处十万元以下的罚款。

第二百一十一条

公司成立后无正当理由超过六个月未开业的，或者开业后自行停业连续六个月以上的，可以由公司登记机关吊销营业执照。

公司登记事项发生变更时,未依照本法规定办理有关变更登记的,由公司登记机关责令限期登记;逾期不登记的,处以一万元以上十万元以下的罚款。

第二百一十二条

外国公司违反本法规定,擅自在中国境内设立分支机构的,由公司登记机关责令改正或者关闭,可以并处五万元以上二十万元以下的罚款。

第二百一十三条

利用公司名义从事危害国家安全、社会公共利益的严重违法行为的,吊销营业执照。

第二百一十四条

公司违反本法规定,应当承担民事赔偿责任和缴纳罚款、罚金的,其财产不足以支付时,先承担民事赔偿责任。

第二百一十五条

违反本法规定,构成犯罪的,依法追究刑事责任。

第十三章 附则

第二百一十六条

本法下列用语的含义:

(一)高级管理人员,是指公司的经理、副经理、财务负责人,上市公司董事会秘书和公司章程规定的其他人员。

(二)控股股东,是指其出资额占有限责任公司资本总额百分之五十以上或者其持有的股份占股份有限公司股本总额百分之五十以上的股东;出资额或者持有股份的比例虽然不足百分之五十,但依其出资额或者持有的股份所享有的表决权已足以对股东会、股东大会的决议产生重大影响的股东。

(三)实际控制人,是指虽不是公司的股东,但通过投资关系、协议或者其他安排,能够实际支配公司行为的人。

(四)关联关系,是指公司控股股东、实际控制人、董事、监事、高级管理人员与其直接或者间接控制的企业之间的关系,以及可能导致公司利益转移的其他关系。但是,国家控股的企业之间不仅因为同受国家控股而具有关联关系。

第二百一十七条

外商投资的有限责任公司和股份有限公司适用本法；有关外商投资的法律另有规定的，适用其规定。

第二百一十八条

本法自 2006 年 1 月 1 日起施行。

最高人民法院关于适用《中华人民共和国公司法》若干问题的规定（一）

发文机关：最高人民法院
实施日期：2014-03-01
时 效 性：现行有效

【正文】

为正确适用2005年10月27日十届全国人大常委会第十八次会议修订的《中华人民共和国公司法》，对人民法院在审理相关的民事纠纷案件中，具体适用公司法的有关问题规定如下：

第一条

公司法实施后，人民法院尚未审结的和新受理的民事案件，其民事行为或事件发生在公司法实施以前的，适用当时的法律法规和司法解释。

第二条

因公司法实施前有关民事行为或者事件发生纠纷起诉到人民法院的，如当时的法律法规和司法解释没有明确规定时，可参照适用公司法的有关规定。

第三条

原告以公司法第二十二条第二款、第七十四条第二款规定事由，向人民法院提起诉讼时，超过公司法规定期限的，人民法院不予受理。

第四条

公司法第一百五十一条规定的 180 日以上连续持股期间，应为股东向人民法院提起诉讼时，已期满的持股时间；规定的合计持有公司百分之一以上股份，是指两个以上股东持股份额的合计。

第五条

人民法院对公司法实施前已经终审的案件依法进行再审时，不适用公司法的规定。

第六条

本规定自公布之日起实施。

最高人民法院关于适用《中华人民共和国公司法》若干问题的规定（二）

发文机关：最高人民法院
实施日期：2021-01-01
时 效 性：现行有效

【正文】

为正确适用《中华人民共和国公司法》，结合审判实践，就人民法院审理公司解散和清算案件适用法律问题作出如下规定。

第一条

单独或者合计持有公司全部股东表决权百分之十以上的股东，以下列事由之一提起解散公司诉讼，并符合公司法第一百八十二条规定的，人民法院应予受理：

（一）公司持续两年以上无法召开股东会或者股东大会，公司经营管理发生严重困难的；

（二）股东表决时无法达到法定或者公司章程规定的比例，持续两年以上不能做出有效的股东会或者股东大会决议，公司经营管理发生严重困难的；

（三）公司董事长期冲突，且无法通过股东会或者股东大会解决，公司经营管理发生严重困难的；

（四）经营管理发生其他严重困难，公司继续存续会使股东利益受到重大损失的情形。

股东以知情权、利润分配请求权等权益受到损害，或者公司亏损、财产不足以偿还全部债务，以及公司被吊销企业法人营业执照未进行清算等为由，提起解散公司诉讼的，人民法院不予受理。

第二条

股东提起解散公司诉讼，同时又申请人民法院对公司进行清算的，人民法院对其提出的清算申请不予受理。人民法院可以告知原告，在人民法院判决解散公司后，依据民法典第七十条、公司法第一百八十三条和本规定第七条的规定，自行组织清算或者另行申请人民法院对公司进行清算。

第三条

股东提起解散公司诉讼时，向人民法院申请财产保全或者证据保全的，在股东提供担保且不影响公司正常经营的情形下，人民法院可予以保全。

第四条

股东提起解散公司诉讼应当以公司为被告。

原告以其他股东为被告一并提起诉讼的，人民法院应当告知原告将其他股东变更为第三人；原告坚持不予变更的，人民法院应当驳回原告对其他股东的起诉。

原告提起解散公司诉讼应当告知其他股东，或者由人民法院通知其参加诉讼。其他股东或者有关利害关系人申请以共同原告或者第三人身份参加诉讼的，人民法院应予准许。

第五条

人民法院审理解散公司诉讼案件，应当注重调解。当事人协商同意由公司或者股东收购股份，或者以减资等方式使公司存续，且不违反法律、行政法规强制性规定的，人民法院应予支持。当事人不能协商一致使公司存续的，人民法院应当及时判决。

经人民法院调解公司收购原告股份的，公司应当自调解书生效之日起六个月内将股份转让或者注销。股份转让或者注销之前，原告不得以公司收购其股份为由对抗公司债权人。

第六条

人民法院关于解散公司诉讼作出的判决，对公司全体股东具有法律约束力。

人民法院判决驳回解散公司诉讼请求后，提起该诉讼的股东或者其他股东又以同一事实和理由提起解散公司诉讼的，人民法院不予受理。

第七条

公司应当依照民法典第七十条、公司法第一百八十三条的规定，在解散事由出现之日起十五日内成立清算组，开始自行清算。

有下列情形之一，债权人、公司股东、董事或其他利害关系人申请人民法院指定清算组进行清算的，人民法院应予受理：

（一）公司解散逾期不成立清算组进行清算的；

（二）虽然成立清算组但故意拖延清算的；

（三）违法清算可能严重损害债权人或者股东利益的。

第八条

人民法院受理公司清算案件，应当及时指定有关人员组成清算组。

清算组成员可以从下列人员或者机构中产生：

（一）公司股东、董事、监事、高级管理人员；

（二）依法设立的律师事务所、会计师事务所、破产清算事务所等社会中介机构；

（三）依法设立的律师事务所、会计师事务所、破产清算事务所等社会中介机构中具备相关专业知识并取得执业资格的人员。

第九条

人民法院指定的清算组成员有下列情形之一的，人民法院可以根据债权人、公司股东、董事或其他利害关系人的申请，或者依职权更换清算组成员：

（一）有违反法律或者行政法规的行为；

（二）丧失执业能力或者民事行为能力；

（三）有严重损害公司或者债权人利益的行为。

第十条

公司依法清算结束并办理注销登记前，有关公司的民事诉讼，应当以公司的名义进行。

公司成立清算组的，由清算组负责人代表公司参加诉讼；尚未成立清算组的，由原法定代表人代表公司参加诉讼。

第十一条

公司清算时，清算组应当按照公司法第一百八十五条的规定，将公司解散清算事宜书面通知全体已知债权人，并根据公司规模和营业地域范围在全国或者公司注册登记地省级有影响的报纸上进行公告。

清算组未按照前款规定履行通知和公告义务，导致债权人未及时申报债权而未获清偿，债权人主张清算组成员对因此造成的损失承担赔偿责任的，人民法院应依法予以支持。

第十二条

公司清算时，债权人对清算组核定的债权有异议的，可以要求清算组重新核定。清算组不予重新核定，或者债权人对重新核定的债权仍有异议，债权人以公司为被告向人民法院提起诉讼请求确认的，人民法院应予受理。

第十三条

债权人在规定的期限内未申报债权，在公司清算程序终结前补充申报的，清算组应予登记。

公司清算程序终结，是指清算报告经股东会、股东大会或者人民法院确认完毕。

第十四条

债权人补充申报的债权，可以在公司尚未分配财产中依法清偿。公司尚未分配财产不能全额清偿，债权人主张股东以其在剩余财产分配中已经取得的财产予以清偿的，人民法院应予支持；但债权人因重大过错未在规定期限内申报债权的除外。

债权人或者清算组，以公司尚未分配财产和股东在剩余财产分配中已经取得的财产，不能全额清偿补充申报的债权为由，向人民法院提出破产清算申请的，人民法院不予受理。

第十五条

公司自行清算的，清算方案应当报股东会或者股东大会决议确认；人民法院组织清算的，清算方案应当报人民法院确认。未经确认的清算方案，清算组不得执行。

执行未经确认的清算方案给公司或者债权人造成损失，公司、股东、董事、公司其他利害关系人或者债权人主张清算组成员承担赔偿责任的，人民法院应依法予以支持。

第十六条

人民法院组织清算的，清算组应当自成立之日起六个月内清算完毕。

因特殊情况无法在六个月内完成清算的，清算组应当向人民法院申请延长。

第十七条

人民法院指定的清算组在清理公司财产、编制资产负债表和财产清单时，发现公司财产不足清偿债务的，可以与债权人协商制作有关债务清偿方案。

债务清偿方案经全体债权人确认且不损害其他利害关系人利益的，人民法院可依清算组的申请裁定予以认可。清算组依据该清偿方案清偿债务后，应当向人民法院申请裁定终结清算程序。

债权人对债务清偿方案不予确认或者人民法院不予认可的，清算组应当依法向人民法院申请宣告破产。

第十八条

有限责任公司的股东、股份有限公司的董事和控股股东未在法定期限内成立清算组开始清算，导致公司财产贬值、流失、毁损或者灭失，债权人主张其在造成损失范围内对公司债务承担赔偿责任的，人民法院应依法予以支持。

有限责任公司的股东、股份有限公司的董事和控股股东因怠于履行义务，导致公司主要财产、账册、重要文件等灭失，无法进行清算，债权人主张其对公司债务承担连带清偿责任的，人民法院应依法予以支持。

上述情形系实际控制人原因造成，债权人主张实际控制人对公司债务承担相应民事责任的，人民法院应依法予以支持。

第十九条

有限责任公司的股东、股份有限公司的董事和控股股东，以及公司的实际控制人在公司解散后，恶意处置公司财产给债权人造成损失，或者未经依法清算，以虚假的清算报告骗取公司登记机关办理法人注销登记，债权人主张其对公司债务承担相应赔偿责任的，人民法院应依法予以支持。

第二十条

公司解散应当在依法清算完毕后，申请办理注销登记。公司未经清算即办理注销登记，导致公司无法进行清算，债权人主张有限责任公司的股东、股份有限公司的董事和控股股东，以及公司的实际控制人对公司债务承担清偿责任的，人民法院应依法予以支持。

公司未经依法清算即办理注销登记，股东或者第三人在公司登记机关办理注销登记时承诺对公司债务承担责任，债权人主张其对公司债务承担相应民事责任的，人民法院应依法予以支持。

第二十一条

按照本规定第十八条和第二十条第一款的规定应当承担责任的有限责任公司的股东、股份有限公司的董事和控股股东，以及公司的实际控制人为二人以上的，其中一人或者数人依法承担民事责任后，主张其他人员按照过错大小分担责任的，人民法院应依法予以支持。

第二十二条

公司解散时，股东尚未缴纳的出资均应作为清算财产。股东尚未缴纳的出资，包括到期应缴未缴的出资，以及依照公司法第二十六条和第八十条的规定分期缴纳尚未届满缴纳期限的出资。

公司财产不足以清偿债务时，债权人主张未缴出资股东，以及公司设立时的其他股东或者发起人在未缴出资范围内对公司债务承担连带清偿责任的，人民法院应依法予以支持。

第二十三条

清算组成员从事清算事务时，违反法律、行政法规或者公司章程给公司或者债权人造成损失，公司或者债权人主张其承担赔偿责任的，人民法院应依法予以支持。

有限责任公司的股东、股份有限公司连续一百八十日以上单独或者合计持有公司百分之一以上股份的股东，依据公司法第一百五十一条第三款的规定，以清算组成员有前款所述行为为由向人民法院提起诉讼的，人民法院应予受理。

公司已经清算完毕注销，上述股东参照公司法第一百五十一条第三款的规定，直接以清算组成员为被告、其他股东为第三人向人民法院提起诉讼的，人民法院应予受理。

第二十四条

解散公司诉讼案件和公司清算案件由公司住所地人民法院管辖。公司住所地是指公司主要办事机构所在地。公司办事机构所在地不明确的，由其注册地人民法院管辖。

基层人民法院管辖县、县级市或者区的公司登记机关核准登记公司的解散诉讼案件和公司清算案件；中级人民法院管辖地区、地级市以上的公司登记机关核准登记公司的解散诉讼案件和公司清算案件。

最高人民法院关于适用《中华人民共和国公司法》若干问题的规定（三）

发文机关：最高人民法院
实施日期：2021-01-01
时 效 性：现行有效

【正文】

为正确适用《中华人民共和国公司法》，结合审判实践，就人民法院审理公司设立、出资、股权确认等纠纷案件适用法律问题作出如下规定。

第一条

为设立公司而签署公司章程、向公司认购出资或者股份并履行公司设立职责的人，应当认定为公司的发起人，包括有限责任公司设立时的股东。

第二条

发起人为设立公司以自己名义对外签订合同，合同相对人请求该发起人承担合同责任的，人民法院应予支持。公司成立后合同相对人请求公司承担合同责任的，人民法院应予支持。

第三条

发起人以设立中公司名义对外签订合同，公司成立后合同相对人请求公司承担合同责任的，人民法院应予支持。

公司成立后有证据证明发起人利用设立中公司的名义为自己的利益与相

对人签订合同，公司以此为由主张不承担合同责任的，人民法院应予支持，但相对人为善意的除外。

第四条

公司因故未成立，债权人请求全体或者部分发起人对设立公司行为所产生的费用和债务承担连带清偿责任的，人民法院应予支持。

部分发起人依照前款规定承担责任后，请求其他发起人分担的，人民法院应当判令其他发起人按照约定的责任承担比例分担责任；没有约定责任承担比例的，按照约定的出资比例分担责任；没有约定出资比例的，按照均等份额分担责任。

因部分发起人的过错导致公司未成立，其他发起人主张其承担设立行为所产生的费用和债务的，人民法院应当根据过错情况，确定过错一方的责任范围。

第五条

发起人因履行公司设立职责造成他人损害，公司成立后受害人请求公司承担侵权赔偿责任的，人民法院应予支持；公司未成立，受害人请求全体发起人承担连带赔偿责任的，人民法院应予支持。

公司或者无过错的发起人承担赔偿责任后，可以向有过错的发起人追偿。

第六条

股份有限公司的认股人未按期缴纳所认股份的股款，经公司发起人催缴后在合理期间内仍未缴纳，公司发起人对该股份另行募集的，人民法院应当认定该募集行为有效。认股人延期缴纳股款给公司造成损失，公司请求该认股人承担赔偿责任的，人民法院应予支持。

第七条

出资人以不享有处分权的财产出资，当事人之间对于出资行为效力产生争议的，人民法院可以参照民法典第三百一十一条的规定予以认定。

以贪污、受贿、侵占、挪用等违法犯罪所得的货币出资后取得股权的，对违法犯罪行为予以追究、处罚时，应当采取拍卖或者变卖的方式处置其股权。

第八条

出资人以划拨土地使用权出资，或者以设定权利负担的土地使用权出资，公司、其他股东或者公司债权人主张认定出资人未履行出资义务的，人民法院应当责令当事人在指定的合理期间内办理土地变更手续或者解除权利负担；逾期未办理或者未解除的，人民法院应当认定出资人未依法全面履行出资义务。

第九条

出资人以非货币财产出资，未依法评估作价，公司、其他股东或者公司债权人请求认定出资人未履行出资义务的，人民法院应当委托具有合法资格的评估机构对该财产评估作价。评估确定的价额显著低于公司章程所定价额的，人民法院应当认定出资人未依法全面履行出资义务。

第十条

出资人以房屋、土地使用权或者需要办理权属登记的知识产权等财产出资，已经交付公司使用但未办理权属变更手续，公司、其他股东或者公司债权人主张认定出资人未履行出资义务的，人民法院应当责令当事人在指定的合理期间内办理权属变更手续；在前述期间内办理了权属变更手续的，人民法院应当认定其已经履行了出资义务；出资人主张自其实际交付财产给公司使用时享有相应股东权利的，人民法院应予支持。

出资人以前款规定的财产出资，已经办理权属变更手续但未交付给公司使用，公司或者其他股东主张其向公司交付、并在实际交付之前不享有相应股东权利的，人民法院应予支持。

第十一条

出资人以其他公司股权出资，符合下列条件的，人民法院应当认定出资人已履行出资义务：

（一）出资的股权由出资人合法持有并依法可以转让；

（二）出资的股权无权利瑕疵或者权利负担；

（三）出资人已履行关于股权转让的法定手续；

（四）出资的股权已依法进行了价值评估。

股权出资不符合前款第（一）、（二）、（三）项的规定，公司、其他股东或者公司债权人请求认定出资人未履行出资义务的，人民法院应当责令该出资人在指定的合理期间内采取补正措施，以符合上述条件；逾期未补正的，人民法院应当认定其未依法全面履行出资义务。

股权出资不符合本条第一款第（四）项的规定，公司、其他股东或者公司债权人请求认定出资人未履行出资义务的，人民法院应当按照本规定第九条的规定处理。

第十二条

公司成立后，公司、股东或者公司债权人以相关股东的行为符合下列情形之一且损害公司权益为由，请求认定该股东抽逃出资的，人民法院应予支持：

（一）制作虚假财务会计报表虚增利润进行分配；

（二）通过虚构债权债务关系将其出资转出；

（三）利用关联交易将出资转出；

（四）其他未经法定程序将出资抽回的行为。

第十三条

股东未履行或者未全面履行出资义务，公司或者其他股东请求其向公司依法全面履行出资义务的，人民法院应予支持。

公司债权人请求未履行或者未全面履行出资义务的股东在未出资本息范围内对公司债务不能清偿的部分承担补充赔偿责任的，人民法院应予支持；未履行或者未全面履行出资义务的股东已经承担上述责任，其他债权人提出相同请求的，人民法院不予支持。

股东在公司设立时未履行或者未全面履行出资义务，依照本条第一款或者第二款提起诉讼的原告，请求公司的发起人与被告股东承担连带责任的，人民法院应予支持；公司的发起人承担责任后，可以向被告股东追偿。

股东在公司增资时未履行或者未全面履行出资义务，依照本条第一款或者第二款提起诉讼的原告，请求未尽公司法第一百四十七条第一款规定的义务而使出资未缴足的董事、高级管理人员承担相应责任的，人民法院应予支持；董事、高级管理人员承担责任后，可以向被告股东追偿。

第十四条

股东抽逃出资，公司或者其他股东请求其向公司返还出资本息、协助抽逃出资的其他股东、董事、高级管理人员或者实际控制人对此承担连带责任的，人民法院应予支持。

公司债权人请求抽逃出资的股东在抽逃出资本息范围内对公司债务不能清偿的部分承担补充赔偿责任、协助抽逃出资的其他股东、董事、高级管理人员或者实际控制人对此承担连带责任的，人民法院应予支持；抽逃出资的股东已经承担上述责任，其他债权人提出相同请求的，人民法院不予支持。

第十五条

出资人以符合法定条件的非货币财产出资后，因市场变化或者其他客观因素导致出资财产贬值，公司、其他股东或者公司债权人请求该出资人承担补足出资责任的，人民法院不予支持。但是，当事人另有约定的除外。

第十六条

股东未履行或者未全面履行出资义务或者抽逃出资，公司根据公司章程或者股东会决议对其利润分配请求权、新股优先认购权、剩余财产分配请求权等股东权利作出相应的合理限制，该股东请求认定该限制无效的，人民法院不予支持。

第十七条

有限责任公司的股东未履行出资义务或者抽逃全部出资，经公司催告缴纳或者返还，其在合理期间内仍未缴纳或者返还出资，公司以股东会决议解除该股东的股东资格，该股东请求确认该解除行为无效的，人民法院不予支持。

在前款规定的情形下，人民法院在判决时应当释明，公司应当及时办理法定减资程序或者由其他股东或者第三人缴纳相应的出资。在办理法定减资程序或者其他股东或者第三人缴纳相应的出资之前，公司债权人依照本规定第十三条或者第十四条请求相关当事人承担相应责任的，人民法院应予支持。

第十八条

有限责任公司的股东未履行或者未全面履行出资义务即转让股权，受让人对此知道或者应当知道，公司请求该股东履行出资义务、受让人对此承担连带责任的,人民法院应予支持;公司债权人依照本规定第十三条第二款向该股东提起诉讼,同时请求前述受让人对此承担连带责任的,人民法院应予支持。

受让人根据前款规定承担责任后,向该未履行或者未全面履行出资义务的股东追偿的,人民法院应予支持。但是,当事人另有约定的除外。

第十九条

公司股东未履行或者未全面履行出资义务或者抽逃出资,公司或者其他股东请求其向公司全面履行出资义务或者返还出资,被告股东以诉讼时效为由进行抗辩的,人民法院不予支持。

公司债权人的债权未过诉讼时效期间,其依照本规定第十三条第二款、第十四条第二款的规定请求未履行或者未全面履行出资义务或者抽逃出资的股东承担赔偿责任,被告股东以出资义务或者返还出资义务超过诉讼时效期间为由进行抗辩的,人民法院不予支持。

第二十条

当事人之间对是否已履行出资义务发生争议,原告提供对股东履行出资义务产生合理怀疑证据的,被告股东应当就其已履行出资义务承担举证责任。

第二十一条

当事人向人民法院起诉请求确认其股东资格的,应当以公司为被告,与案件争议股权有利害关系的人作为第三人参加诉讼。

第二十二条

当事人之间对股权归属发生争议,一方请求人民法院确认其享有股权的,应当证明以下事实之一:

(一)已经依法向公司出资或者认缴出资,且不违反法律法规强制性规定;

(二)已经受让或者以其他形式继受公司股权,且不违反法律法规强制性规定。

第二十三条

当事人依法履行出资义务或者依法继受取得股权后,公司未根据公司法第三十一条、第三十二条的规定签发出资证明书、记载于股东名册并办理公司登记机关登记，当事人请求公司履行上述义务的，人民法院应予支持。

第二十四条

有限责任公司的实际出资人与名义出资人订立合同，约定由实际出资人出资并享有投资权益，以名义出资人为名义股东，实际出资人与名义股东对该合同效力发生争议的，如无法律规定的无效情形，人民法院应当认定该合同有效。

前款规定的实际出资人与名义股东因投资权益的归属发生争议，实际出资人以其实际履行了出资义务为由向名义股东主张权利的，人民法院应予支持。名义股东以公司股东名册记载、公司登记机关登记为由否认实际出资人权利的，人民法院不予支持。

实际出资人未经公司其他股东半数以上同意，请求公司变更股东、签发出资证明书、记载于股东名册、记载于公司章程并办理公司登记机关登记的，人民法院不予支持。

第二十五条

名义股东将登记于其名下的股权转让、质押或者以其他方式处分，实际出资人以其对于股权享有实际权利为由，请求认定处分股权行为无效的，人民法院可以参照民法典第三百一十一条的规定处理。

名义股东处分股权造成实际出资人损失，实际出资人请求名义股东承担赔偿责任的，人民法院应予支持。

第二十六条

公司债权人以登记于公司登记机关的股东未履行出资义务为由，请求其对公司债务不能清偿的部分在未出资本息范围内承担补充赔偿责任，股东以其仅为名义股东而非实际出资人为由进行抗辩的，人民法院不予支持。

名义股东根据前款规定承担赔偿责任后，向实际出资人追偿的，人民法院应予支持。

第二十七条

股权转让后尚未向公司登记机关办理变更登记，原股东将仍登记于其名下的股权转让、质押或者以其他方式处分，受让股东以其对于股权享有实际权利为由，请求认定处分股权行为无效的，人民法院可以参照民法典第三百一十一条的规定处理。

原股东处分股权造成受让股东损失，受让股东请求原股东承担赔偿责任、对于未及时办理变更登记有过错的董事、高级管理人员或者实际控制人承担相应责任的，人民法院应予支持；受让股东对于未及时办理变更登记也有过错的，可以适当减轻上述董事、高级管理人员或者实际控制人的责任。

第二十八条

冒用他人名义出资并将该他人作为股东在公司登记机关登记的，冒名登记行为人应当承担相应责任；公司、其他股东或者公司债权人以未履行出资义务为由，请求被冒名登记为股东的承担补足出资责任或者对公司债务不能清偿部分的赔偿责任的，人民法院不予支持。

最高人民法院关于适用《中华人民共和国公司法》若干问题的规定（四）

发文机关：最高人民法院
实施日期：2021-01-01
时 效 性：现行有效

【正文】

为正确适用《中华人民共和国公司法》，结合人民法院审判实践，现就公司决议效力、股东知情权、利润分配权、优先购买权和股东代表诉讼等案件适用法律问题作出如下规定。

第一条

公司股东、董事、监事等请求确认股东会或者股东大会、董事会决议无效或者不成立的，人民法院应当依法予以受理。

第二条

依据民法典第八十五条、公司法第二十二条第二款请求撤销股东会或者股东大会、董事会决议的原告，应当在起诉时具有公司股东资格。

第三条

原告请求确认股东会或者股东大会、董事会决议不成立、无效或者撤销决议的案件，应当列公司为被告。对决议涉及的其他利害关系人，可以依法列为第三人。

一审法庭辩论终结前，其他有原告资格的人以相同的诉讼请求申请参加前款规定诉讼的，可以列为共同原告。

第四条

股东请求撤销股东会或者股东大会、董事会决议，符合民法典第八十五条、公司法第二十二条第二款规定的，人民法院应当予以支持，但会议召集程序或者表决方式仅有轻微瑕疵，且对决议未产生实质影响的，人民法院不予支持。

第五条

股东会或者股东大会、董事会决议存在下列情形之一，当事人主张决议不成立的，人民法院应当予以支持：

（一）公司未召开会议的，但依据公司法第三十七条第二款或者公司章程规定可以不召开股东会或者股东大会而直接作出决定，并由全体股东在决定文件上签名、盖章的除外；

（二）会议未对决议事项进行表决的；

（三）出席会议的人数或者股东所持表决权不符合公司法或者公司章程规定的；

（四）会议的表决结果未达到公司法或者公司章程规定的通过比例的；

（五）导致决议不成立的其他情形。

第六条

股东会或者股东大会、董事会决议被人民法院判决确认无效或者撤销的，公司依据该决议与善意相对人形成的民事法律关系不受影响。

第七条

股东依据公司法第三十三条、第九十七条或者公司章程的规定，起诉请求查阅或者复制公司特定文件材料的，人民法院应当依法予以受理。

公司有证据证明前款规定的原告在起诉时不具有公司股东资格的，人民法院应当驳回起诉，但原告有初步证据证明在持股期间其合法权益受到损害，请求依法查阅或者复制其持股期间的公司特定文件材料的除外。

第八条

有限责任公司有证据证明股东存在下列情形之一的，人民法院应当认定股东有公司法第三十三条第二款规定的"不正当目的"：

（一）股东自营或者为他人经营与公司主营业务有实质性竞争关系业务的，但公司章程另有规定或者全体股东另有约定的除外；

（二）股东为了向他人通报有关信息查阅公司会计账簿，可能损害公司合法利益的；

（三）股东在向公司提出查阅请求之日前的三年内，曾通过查阅公司会计账簿，向他人通报有关信息损害公司合法利益的；

（四）股东有不正当目的的其他情形。

第九条

公司章程、股东之间的协议等实质性剥夺股东依据公司法第三十三条、第九十七条规定查阅或者复制公司文件材料的权利，公司以此为由拒绝股东查阅或者复制的，人民法院不予支持。

第十条

人民法院审理股东请求查阅或者复制公司特定文件材料的案件，对原告诉讼请求予以支持的，应当在判决中明确查阅或者复制公司特定文件材料的时间、地点和特定文件材料的名录。

股东依据人民法院生效判决查阅公司文件材料的，在该股东在场的情况下，可以由会计师、律师等依法或者依据执业行为规范负有保密义务的中介机构执业人员辅助进行。

第十一条

股东行使知情权后泄露公司商业秘密导致公司合法利益受到损害，公司请求该股东赔偿相关损失的，人民法院应当予以支持。

根据本规定第十条辅助股东查阅公司文件材料的会计师、律师等泄露公司商业秘密导致公司合法利益受到损害，公司请求其赔偿相关损失的，人民法院应当予以支持。

第十二条

公司董事、高级管理人员等未依法履行职责，导致公司未依法制作或者保存公司法第三十三条、第九十七条规定的公司文件材料，给股东造成损失，股东依法请求负有相应责任的公司董事、高级管理人员承担民事赔偿责任的，人民法院应当予以支持。

第十三条

股东请求公司分配利润案件，应当列公司为被告。

一审法庭辩论终结前，其他股东基于同一分配方案请求分配利润并申请参加诉讼的，应当列为共同原告。

第十四条

股东提交载明具体分配方案的股东会或者股东大会的有效决议，请求公司分配利润，公司拒绝分配利润且其关于无法执行决议的抗辩理由不成立的，人民法院应当判决公司按照决议载明的具体分配方案向股东分配利润。

第十五条

股东未提交载明具体分配方案的股东会或者股东大会决议，请求公司分配利润的，人民法院应当驳回其诉讼请求，但违反法律规定滥用股东权利导致公司不分配利润，给其他股东造成损失的除外。

第十六条

有限责任公司的自然人股东因继承发生变化时，其他股东主张依据公司法第七十一条第三款规定行使优先购买权的，人民法院不予支持，但公司章程另有规定或者全体股东另有约定的除外。

第十七条

有限责任公司的股东向股东以外的人转让股权，应就其股权转让事项以书面或者其他能够确认收悉的合理方式通知其他股东征求同意。其他股东半数以上不同意转让，不同意的股东不购买的，人民法院应当认定视为同意转让。

经股东同意转让的股权，其他股东主张转让股东应当向其以书面或者其他能够确认收悉的合理方式通知转让股权的同等条件的，人民法院应当予以支持。

经股东同意转让的股权，在同等条件下，转让股东以外的其他股东主张优先购买的，人民法院应当予以支持，但转让股东依据本规定第二十条放弃转让的除外。

第十八条

人民法院在判断是否符合公司法第七十一条第三款及本规定所称的"同等条件"时，应当考虑转让股权的数量、价格、支付方式及期限等因素。

第十九条

有限责任公司的股东主张优先购买转让股权的，应当在收到通知后，在公司章程规定的行使期间内提出购买请求。公司章程没有规定行使期间或者规定不明确的，以通知确定的期间为准，通知确定的期间短于三十日或者未明确行使期间的，行使期间为三十日。

第二十条

有限责任公司的转让股东，在其他股东主张优先购买后又不同意转让股权的，对其他股东优先购买的主张，人民法院不予支持，但公司章程另有规定或者全体股东另有约定的除外。其他股东主张转让股东赔偿其损失合理的，人民法院应当予以支持。

第二十一条

有限责任公司的股东向股东以外的人转让股权，未就其股权转让事项征求其他股东意见，或者以欺诈、恶意串通等手段，损害其他股东优先购买权，其他股东主张按照同等条件购买该转让股权的，人民法院应当予以支持，但其他股东自知道或者应当知道行使优先购买权的同等条件之日起三十日内没有主张，或者自股权变更登记之日起超过一年的除外。

前款规定的其他股东仅提出确认股权转让合同及股权变动效力等请求，未同时主张按照同等条件购买转让股权的，人民法院不予支持，但其他股东非因自身原因导致无法行使优先购买权，请求损害赔偿的除外。

股东以外的股权受让人，因股东行使优先购买权而不能实现合同目的的，可以依法请求转让股东承担相应民事责任。

第二十二条

通过拍卖向股东以外的人转让有限责任公司股权的，适用公司法第七十一条第二款、第三款或者第七十二条规定的"书面通知""通知""同等条件"时，根据相关法律、司法解释确定。

在依法设立的产权交易场所转让有限责任公司国有股权的，适用公司法第七十一条第二款、第三款或者第七十二条规定的"书面通知""通知""同等条件"时，可以参照产权交易场所的交易规则。

第二十三条

监事会或者不设监事会的有限责任公司的监事依据公司法第一百五十一条第一款规定对董事、高级管理人员提起诉讼的，应当列公司为原告，依法由监事会主席或者不设监事会的有限责任公司的监事代表公司进行诉讼。

董事会或者不设董事会的有限责任公司的执行董事依据公司法第一百五十一条第一款规定对监事提起诉讼的，或者依据公司法第一百五十一条第三款规定对他人提起诉讼的，应当列公司为原告，依法由董事长或者执行董事代表公司进行诉讼。

第二十四条

符合公司法第一百五十一条第一款规定条件的股东，依据公司法第一百五十一条第二款、第三款规定，直接对董事、监事、高级管理人员或者他人提起诉讼的，应当列公司为第三人参加诉讼。

一审法庭辩论终结前，符合公司法第一百五十一条第一款规定条件的其他股东，以相同的诉讼请求申请参加诉讼的，应当列为共同原告。

第二十五条

股东依据公司法第一百五十一条第二款、第三款规定直接提起诉讼的案件，胜诉利益归属于公司。股东请求被告直接向其承担民事责任的，人民法院不予支持。

第二十六条

股东依据公司法第一百五十一条第二款、第三款规定直接提起诉讼的案件，其诉讼请求部分或者全部得到人民法院支持的，公司应当承担股东因参加诉讼支付的合理费用。

第二十七条

本规定自 2017 年 9 月 1 日起施行。

本规定施行后尚未终审的案件，适用本规定；本规定施行前已经终审的案件，或者适用审判监督程序再审的案件，不适用本规定。

最高人民法院关于适用《中华人民共和国公司法》若干问题的规定（五）

发文机关：最高人民法院
实施日期：2021-01-01
时 效 性：现行有效

【正文】

为正确适用《中华人民共和国公司法》，结合人民法院审判实践，就股东权益保护等纠纷案件适用法律问题作出如下规定。

第一条 关联交易损害公司利益，原告公司依据民法典第八十四条、公司法第二十一条规定请求控股股东、实际控制人、董事、监事、高级管理人员赔偿所造成的损失，被告仅以该交易已经履行了信息披露、经股东会或者股东大会同意等法律、行政法规或者公司章程规定的程序为由抗辩的，人民法院不予支持。

公司没有提起诉讼的，符合公司法第一百五十一条第一款规定条件的股东，可以依据公司法第一百五十一条第二款、第三款规定向人民法院提起诉讼。

第二条 关联交易合同存在无效、可撤销或者对公司不发生效力的情形，公司没有起诉合同相对方的，符合公司法第一百五十一条第一款规定条件的股东，可以依据公司法第一百五十一条第二款、第三款规定向人民法院提起诉讼。

第三条 董事任期届满前被股东会或者股东大会有效决议解除职务，其主张解除不发生法律效力的，人民法院不予支持。

董事职务被解除后，因补偿与公司发生纠纷提起诉讼的，人民法院应当依据法律、行政法规、公司章程的规定或者合同的约定，综合考虑解除的原因、剩余任期、董事薪酬等因素，确定是否补偿以及补偿的合理数额。

第四条 分配利润的股东会或者股东大会决议作出后，公司应当在决议载明的时间内完成利润分配。决议没有载明时间的，以公司章程规定的为准。决议、章程中均未规定时间或者时间超过一年的，公司应当自决议作出之日起一年内完成利润分配。

决议中载明的利润分配完成时间超过公司章程规定时间的，股东可以依据民法典第八十五条、公司法第二十二条第二款规定请求人民法院撤销决议中关于该时间的规定。

第五条 人民法院审理涉及有限责任公司股东重大分歧案件时，应当注重调解。当事人协商一致以下列方式解决分歧，且不违反法律、行政法规的强制性规定的，人民法院应予支持：

（一）公司回购部分股东股份；

（二）其他股东受让部分股东股份；

（三）他人受让部分股东股份；

（四）公司减资；

（五）公司分立；

（六）其他能够解决分歧，恢复公司正常经营，避免公司解散的方式。

第六条 本规定自 2019 年 4 月 29 日起施行。

本规定施行后尚未终审的案件，适用本规定；本规定施行前已经终审的案件，或者适用审判监督程序再审的案件，不适用本规定。

本院以前发布的司法解释与本规定不一致的，以本规定为准。